철학은 어떻게 인생의 길이 되는가

철학은
어떻게
인생의 길이 되는가

AI 시대 어제와 다르게 살고 싶은
당신의 인생철학

모기 겐이치로 지음

이초희 옮김

다산
초당

어린 시절 처음 본 나비에게 바칩니다.

차례

1부

오늘을 바꾸는 스토아철학

2부

내일의 길이 되는 스토아철학

혼란의 시대, 삶의 기준이 되는 스토아철학

현대인은 모두 저마다 힘든 삶을 살아가고 있다. 나는 평범한 사람부터 지도자가 되려는 사람까지, 내향인부터 외향인까지, 야망에 찬 사람부터 겸손한 사람까지, 곤궁한 사람부터 여유로운 사람까지(노예부터 황제까지는 아닐지라도) 이 책을 읽는 모든 독자에게 최선을 다해 새로운 희망을 제시할 것이다. 고대 스토아학파의 지혜가 주는 이 희망은 사람들을 압도하는 이 혼란의 시대에 우리에게 힘이 되어줄 것이다.

그 과정에서 감정 관리, 자기 수용, 사회적 소통, 타인과의 대면, 삶의 불확실성 극복, 행복 추구 같은 일상적인 문제부터 창조성, 의식, 자유의지, 무한과 우주, 지구 환경, 인류 문명의 미래 같은 근본적이고 어려운 문제까지 폭넓게 살펴볼 것이다. 이 책을 다 읽을 때쯤이면 이런 거대한 문제가 개인의 일상과 깊이 연관되어 있음을 알게 될 것이다. 그에 더하여 고대 그리스의 슈퍼스타인 소크라테스Socrates를 새로운 시선으로 바라보고, 우리가 사는 세상이 아무리 엉망인 것 같아도 사실은 제법 근사한 세상일 가능성을 논의할 것이다.

스토아철학은 특정 문화도 이념도 아니다. 끊임없이 진화하고 세월에 맞춰 달라지는 인생철학이다.

그 철학을 함께 탐험해 보자.

어제의 철학은 어떻게 오늘을 바꾸는가

한때 이 세상은 모든 게 부족했다. 미생물을 포함해 수억 년 전 우리보다 앞서 살았던 조상들은 먹을 것을 구하고 안전하게 숨을 장소를 찾아 싸워야 했다. 이제 시대가 변했다. 적어도 몇몇 운 좋은 사람은 풍요로운 세상을 살고 있다. 물질적으로도 풍요롭지만, 특히 정보가 차고 넘친다. 동시에 어떤 사람들은 이상할 정도로 영혼이 공허하고 극도로 빈곤하기까지 하며, 때로 무의미하고 잔인해 보이는 삶의 바다에서 길을 잃은 듯 보인다. 어쩌면 많은 독자가 그런 이유로 이 책을 읽고 있을 것이다.

이런 공허함의 한 가지 중요한 원인은 전통적 가치와 사고방식이 사라졌기 때문이다. 정해진 생각과 규범을 따르기만 해서는 정신적으로 만족스러운 삶을 살기 어렵다. 우리가 조상들보다 덜 인간적이어서가 아니다. 사실 우리는 조상들보다 더 인간적일 수 있다. 다만 여러 문화가 뒤섞이는 바람에 인간성이 매우 다양한 방식으로 나타나고 있을 뿐이다. 하나의 문화에 얽매이지 않고 다양성을 누린다는 것은 매우 멋지긴 하지만 때로 부담스럽게 느껴지기도 한다.

우리는 적절한 선택을 내리기가 점점 더 어려워지는 시기를 살고 있다. 1970년 미래학자 앨빈 토플러Alvin Toffler가 예측했듯이 '선택 과부하choice overload' 현상이 생긴 것이다. 그가 이름 붙인 '정보화시대Information Age'가 오면 우리는 가상 또는 실제로 제시되는 수많은 대안 중 하나를 선택해야 하는 상황을 맞이할 것이고, 메타버스가 나타나기 전이라도 가상의 선택지는 점점 늘어날 것이다. 이제 그 시대가 도래했다. 틱톡, 인스타그램, 유튜브가 제공하는 화면을 휙휙 넘기는 것은 우리 시대에 특화된 활동으로, 토플러가 수십 년 전에 예견한 대로다. 인공지능artificial intelligence, 즉 AI가 생성하는 콘텐츠의 홍

수와 함께 '선택 과부하'는 앞으로 점점 더 우리를 짓누를 것이다.

문제는 정보가 너무 많다는 것만이 아니다. 현대사회는 복잡하고, 우리의 삶은 수많은 방향으로 뻗어나가고 있다. 그야말로 모든 일이 모든 장소에서 동시에 일어난다. 이는 평범한 사람에게도 마찬가지다. 또 중요한 갈림길에서 최고의 선택을 내린다고 해도 뛰어나거나 아니면 그럭저럭 괜찮은 결과라도 나오리라는 보장이 없다. 이는 1970년대 기상학자 에드워드 로렌즈Edward Lorenz가 이야기한 '동역학적 혼돈dynamical chaos' 때문이다. 체계가 복잡할수록 예측하기는 어려워지고, 초기 단계의 아주 작은 변화라도 결과는 예상하지 못한 큰 차이로 이어질 수 있다. 이것이 아마존 정글의 나비 한 마리가 펄럭이는 날갯짓이 미국 텍사스에 토네이도를 일으킬 수 있다는 나비효과butterfly effect다. 놀라운 점은 이 이론이 단지 비유가 아니라 엄격하게 따져본 수학적 진실이라는 사실이다.

나비효과를 현실에 적용해 보자면, 삶에서 심각한

선택과 사소한 선택 사이에 구분 같은 것은 없다고 할 수 있다. 흔히 어느 대학에 가고 어떤 직업을 선택하고 어디에 살고 누구와 결혼할지 같은 결정이 인생에서 중요한 선택이라고 한다. 하지만 혼돈이론을 그대로 받아들인다면 오늘 점심으로 무엇을 먹고 어떤 옷을 입고 다음 교차로에서 왼쪽으로 꺾는지 오른쪽으로 꺾는지에 따라서도 삶에 커다란 변화가 나타날 수 있다. 세상은 혼란스러운 곳이며, 아무리 똑똑하고 많은 정보를 알고 있더라도, 또 아무리 노력하더라도 특정 선택이 최선인지 아닌지 알 방법은 없다.

오늘날 우리 삶은 동역학적 혼돈과 정보 과부하 문제에 더해 세계화로 인한 불확실성, 환경 변화, AI에 압도당하고 있다. 지구온난화, 가짜 뉴스, 정치 편향 같은 해결하기 어려워 보이는 문제들로 삶은 점점 더 힘들어진다. 그리고 개인적으로도 여전히 가족, 친구, 진로 선택, 밥벌이 같은 오랜 문제에 시달린다. 우리에게는 분명 비전과 지침이 필요하다. 하지만 불변의 가치는 사라지고 자유롭지만 불안한 공백만 남은 곳에서 어떻게 비전과 지침을 찾을 수 있을까? 여기에서 더 나은 방향으로 나아갈 현명한 방법이 과연 있을까?

나는 이런 시대일수록 더욱 진지하게 탐구하자고 제안한다. 지금이야말로 스토아철학을 우리만의 특별한 철학적 전통으로 삼을 시기일 것이다.

스토아철학의 기원은 고대 그리스로 거슬러 올라간다. 오늘날 우리가 아는 스토아학파는 키티온의 제논 Zenon(기원전 334년경~기원전 262년경)에서 시작됐다. 스토아학파라는 명칭은 채색된 주랑을 말하는 'stoa'라는 단어에서 왔는데 제논이 이곳에서 사상을 전파했다고 한다. 그는 젊을 때 배가 난파돼서 죽을 뻔했다가 살아난 경험이 있다. 이후 아테네의 서점에서 크세노폰 Xenophon(소크라테스의 제자)이 쓴《소크라테스 회상Memorabilia》에서 소크라테스에 대한 묘사가 적힌 것을 발견했다. 크세노폰의 글에 감명받은 제논은 철학에 흥미를 느꼈고, 이를 계기로 철학 연구를 시작해 결국 스토아학파를 세웠다.

그러므로 소크라테스는 간접적이지만 본질적으로, 또 정신적으로 스토아철학의 아버지라고 할 수 있다. 실제로 많은 학자가 소크라테스를 중요한 스토아학파 사상가로 보고 있고, 제논, 세네카Seneca, 마르쿠스 아우렐리우스Marcus Aurelius, 에픽테토스Epictetos 같은 여러 스토아학파 저자들은 소크라테스의 삶과 가르침에서 영감과 가르침을 얻었다.

소크라테스는 평생에 걸쳐 이성 및 자연과 조화를 이루려고 노력했다. 다른 사람들과 열린 대화를 나누었고 그들에게 배울 줄도 알았다. 자신의 무지함을 잘 알고 있었으며, 다른 사람들의 기이함을 참을 줄도 알았다. 마지막으로 소크라테스는 죽음을 담담하게 받아들였다. 이런 많은 특성이 스토아적 삶의 기반이며, 후반에 다시 다루겠지만 이 소크라테스식 조화는 스토아학파의 정신에 깊이와 울림을 더한다.

스토아학파는 500년 이상 인기를 누렸고 기원전 1세기에 활동한 세네카, 노예 출신인 에픽테토스, 서기 160~180년 로마를 다스린 마르쿠스 아우렐리우스 등

후기 스토아철학 저자들은 우리가 참고할 만한 위대한 지혜의 기둥이 되었다. 하지만 이런 고대의 지혜가 현대인에게 교양 이상의 도움을 줄 수 있을까?

당연히 큰 도움을 줄 수 있다. 태양 아래 새로운 것은 없다. 사실 삶에 관한 철학을 이야기한다면 이미 스토아철학의 원리에 더할 게 많지 않다. 스토아철학의 본질적 의미는 여전히 중요하다. 우리는 여전히 인간이고, 존재의 근본은 그동안 별로 바뀌지 않았기 때문이다. 우리는 여전히 스토아적 방식으로 꿈꾸고 사랑하고 때로 실망한다.

그렇다고 해도 스토아철학에 접근하는 방식은 현대사회의 변수와 현대인의 실용적이고 심리적인 필요를 반영해 반드시 개선되어야 할 것이다.

우리 시대의 한 가지 이점이라면 우리가 대단한 스토아학파 철학자들보다 인간과 주변 세계에 대해 더 많이 알게 되었다는 것이다. 스토아철학을 확장해 현대적으로 해석한다면 뇌과학, 인지과학, 심리학, 네트워크과학, 경제, AI 같은 분야가 동원될 것이다. 물리학과 우주론에서 얻은 통찰 또한 놀라울 정도로 관련이 깊다. 특히 뇌과학자들은 우리가 외부에서 받은 감각 정보를 흡수하고 해석하고 적절한 행동을 취해서 뇌 신경망의 가소성에 영향을 줌으로써 변화하는 환경에 적응한다고 이야기한다. 이 과정에서 세상을 향한 우리의 태도를 설명하는 개념을 이해하고 실행하는 것이 매우 중요하다. 스토아철학을 이해하고 자기 것으로 만드는 것도 마찬가지다.

예를 들어 소크라테스의 가르침과 스토아학파의 중요한 주제 중 하나는 '호몰로기아homologia' 개념이다. 이는 자연과의 일치나 조화, 그리고 개인의 삶이 우주의 근본 원리에 맞춰 정리된 상태를 의미하는 일종의 '정렬alignment'을 뜻한다. 스토아학파는 인간을 자연법칙에 따라 살아가는 우주의 일부로 보았다. 개인의 본성은 모두 보편적 본성의 일부이며, 우리 인간은 세상을 있는 그대로 받아들이고 거기에 맞게 살아야 한다고 믿었다. 또 마르쿠스 아우렐리우스의 말처럼 "벌집에 좋지 않은 것은 벌에게도 좋을 수 없다"(《명상록》6권, 49장)라고 생각했다.

오늘날 '정렬'에는 더 폭넓고도 흥미로운 의미가 있다. 뇌과학에서 정렬은 인간의 뇌가 학습 과정을 거쳐 감각 경험과 행동이 서로 일관되게 맞춰진 결과를 의미한다. AI에서 정렬은 연구·개발을 이끄는 개념으로 쓰인다. AI 정렬에서는 반드시 (인간과 AI 등의) 정렬된 개체들이 개별적 존재, 주체성, 특성을 유지하며 하나로 합쳐지지 않아야 한다. 개체들이 정렬을 통해 독립적인 정체성을 유지하면서 서로 조화를 이룰 때 전체 체계가 강력하고 지속 가능한 방식으로 기능할 수 있다. 인간과 AI, 인간과 자연, 서로 개성이 다른 사람들 사이의 정렬은 현대사회에서 매우 중요해질 것이다. 이런 점에서 스토아철학은 한 사람 한 사람이 우주의 위대한 설계와 분리되어 개인으로 살아가면서도 조화를 이루는 법을 알려줄 수 있다.

따라서 나는 조심스럽고 겸손하게 우리 시대에 맞는 통찰을 추가하고자 한다. 독자들의 일상에 도움이 될 뿐 아니라 인간 존재의 심오한 의미까지도 알 수 있는 폭넓은 관점을 제공하고자 노력할 것이다. 위대한 스토아철학자들과 그들이 쓴 글을 따르는 사람들의 궁극적 목적 중 하나는 세상의 소용돌이 속에서 평화를 찾고 영혼의 위안을 구하는 것이었다. 우리가 과연 누구인지 이해하지 못하면 영혼의 위안을 얻을 수 없다. 이는 일상에서도 마찬가지다. 세네카가 남긴 위대한 작품의 제목처럼 나는 독자들에게 '위로'를 전하고 싶다.

스토아철학은 고대 그리스와 로마에서 출발했으며, 따라서 서구적 색깔이 강하다. 하지만 오늘날과 미래의 스토아철학은 다문화적 가치를 담은 정신임을 이해해야 한다.

전 세계의 많은 사람이 스토아철학의 이론적·역사적·과학적 기반을 모르면서도 자기만의 방식으로 전통적인 스토아철학(철학 개념보다는 생활 방식)을 실행하고 있다. 모든 평범한 사람이 스토아철학자가 될 수 있다. 운동선수, 예술가, 사업가, 어머니, 아버지, 아이, 노인이 스토아철학자가 될 수 있다. 어떤 사람들은 자신이 스토아주의자라고 명확하게 이야기하고 어떤 사람들은 그런 자각이 없지만 스토아주의를 실천한다. 스토아철학이라는 개념을 전혀 들어보지 못했으면서도 이 철학을 똑같이 실행하는 사람들이 있는데, 특히 서양 규범의 영향을 전혀 받지 않은 지역에서 더 그렇다. 어떤 경우든 일상을 살아가는 데 꼭 필요해서 스토아주의자가 된다. 내가 이 책에서 주장하듯 스토아철학은 근본적으로 삶의 태도다.

여러 문화에서 스토아철학과 공명하는 윤리와 행동 규범을 찾을 수 있다. 중국 철학에서는 자연의 법칙을 따르라고 권하는 '도道' 사상이 이와 비슷하다. 많은 사람이 뉴질랜드 마오리 원주민의 전통 춤인 '하카haka'가 스토아철학의 정신을 표현한다고 말한다. 아프리카에서는 케냐와 탄자니아의 마사이족 철학이 스토아철학을 멋지게 해석하고 있다. 어떤 사람들은 〈스타워즈〉와 〈베스트 키드〉 같은 할리우드 영화에 표현된 정신적 가치가 많은 문화적 기원에서 영향을 받았으나 본질은 스토아적이라고 생각할 것이다. 그리고 운 좋게도 놀라운 기술과 투지가 녹아든 테일러 스위프트Taylor Swift의 '디 에라스 투어The Eras Tour' 도쿄 돔 공연을 관람한 사람으로서, 나는 그녀의 음악과 춤이 스토아적이라고 확신한다. 사실 오늘날 스토아철학은 전 세계적인 현상이다. 이 철학이 우리가 살아가는 데 얼마나 중요한지 생각하면 이는 당연한 일이다.

동아시아에 스토아철학이라는 개념이 명시적으로 등장한 것은 19세기 후반에 이르러서였다. 그래서 스토아철학 자체는 동아시아에서 다소 새로운 개념이다. 하지만 역사를 살펴보면 동아시아에는 스토아철학과 비슷한 개념이 늘 존재했다. 특히 사회적 조화와 질서, 인륜과 명분을 강조한 유교는 '스토아적' 절제와 분명히 비슷한 점이 많다. 동아시아 문화에서 절제와 자제는 특히 중요한 가치로 여겨진다. 어머니라면 당연하게 아이에게 이를 가르친다. 특히 다른 사람들의 시선이 아이의 행동에 머무는 상황이라면 더욱더 그럴 것이다. 이는 불평 없이 오랜 시간 근무해야 하는 대다수 고용인의 규범이기도 하다.

일본에서 자란 나 역시 이런 요소에 영향을 받을 수밖에 없었다. 그러다 열 살 정도 되었을 때 서양 문학을 폭넓게 읽기 시작했다. 포스트모더니즘 시대의 일본에서 학업에 흥미가 있는 아이라면 다들 그랬을 것이다. 그때 처음으로 소크라테스를 비롯한 그리스 철학자들을 알게 됐다. 청소년기에 접어들면서는 마르쿠스 아우렐리우스를 비롯한 스토아철학자들의 책을 읽었다. 당시에는 이런 스토아학파의 철학이 일본의 생활 방식과 어떤 관계가 있는지 분명치 않았으나 이제는 여러 문화유산 사이의 유사성이 보인다. 예를 들어 자신의 이익보다 주군과 공동체의 이익에 헌신하고 심지어 목숨까지 바치는 사무라이의 무사도 윤리와 담담히 죽음을 받아들인 소크라테스의 철학 사이에는 모종의 연관성이 있을 것이다. 혹은 삶의 마지막 날이 오면 그저 누워서 때가 되기를 기다리겠다고 말한 알베르트 아인슈타인Albert Einstein은 어떤가? 소크라테스와 아인슈타인은 스토아 정신의 사무라이들이 아닌가? 이런 생각은 스토아철학과 연관된 관념과 사고를 오늘날의 세계적 관점에서 살펴보는 유용한 방식일 것이다.

분명히 밝히지는 않았지만 스토아철학을 실천한 위대한 작가들도 많다. 레프 톨스토이Lev Tolstoy, 마르셀 프루스트Marcel Proust, 버지니아 울프Virginia Wolf, 어니스트 헤밍웨이Ernest Hemingway, 이시구로 가즈오石黒一雄 등 몇 명만 추려도 이 정도다. 이시구로의 장편소설《남아 있는 나날》속 성실한 집사 스티븐스의 "굳은 윗입술로" 힘든 일을 묵묵히 수행하는 모습은 많은 이에게 스토아 주의의 전형으로 비칠 것이다. 하지만 내가 볼 때 이 작품에 나타난 스토아철학은 다분히 다문화적이다. 작품에 묘사된 사회나 사람들의 행동은 분명 영국적이지만 다섯 살 때 일본에서 영국으로 이주한 저자는 일본식 스토아철학이라 할 만한 것을 소설에 끌어들였다. 특히 선불교와 사무라이 윤리 전통의 영향을 받은 요소들이 두드러진다. 스티븐스는 아버지의 마지막을 지키고 싶다는 마음과 저택에서 열리는 중요한 만찬에서 집사의 의무를 다해야 한다는 요구 사이에서, 집단 내의 역할을 위해 감정을 억제할 것을 권장하는 일본식 스토아철학을 보여준다. 집단의 의무를 중시하는 것은 오늘날의 일본에서도 통하는 핵심적인 행동 방식이기도 하다. 본질적으로 스토아철학의 바탕 위에 순수한 영국 정서를 담은, 문화를 초월한 이야기를 썼다는 점에서 이시구로의 천재성이 드러난다.

스토아철학이 시대와 문화를 뛰어넘는 것은 어쩌면 전체 원리가 카리스마 넘치는 한 사람에게서 나오지 않았기 때문일 수도 있다. 사실 스토아철학은 '개인숭배'를 부정하면서 시작했다. 몇몇 인물이 이 철학의 정의를 내리는 데 중요한 역할을 하긴 했지만 스토아철학이 한 사람의 이름을 중심으로 활동하는 운동이 된 적은 결코 없었다. 스토아철학은 집단적이고 개방적인 학문으로 누구나 연구하고 개선할 수 있다. 다시 말해 스토아철학은 우리 모두의 학문이다.

또한 스토아철학은 몇 가지 고유명사로 설명할 수 있는 특정 전통이 아니다. 사람들이 기대어 살았고 지금도 그렇게 살고 있으며, 조금 운이 좋다면 앞으로 몇 세기 동안 맞춰 살아갈 보편적인 방식이다. 스토아철학은 매우 불확실하고 힘든 시기에 인간의 뇌가 어떻게 대처하고 회복탄력성을 갖추는지, 나아가 창조성을 발휘해야 하는지 알려준다. 이런 철학이 지금보다 필요할 때는 없었다.

현대적 맥락에서 스토아철학을 평가하기 전에 스토아철학이 이 시대에 어떤 의미를 지니는지 열 가지 실용적 정의를 통해 보여주고자 한다. 스토아철학의 완벽한 정의는 아니겠지만, 이 책을 읽으면서 함께 생각해 보면 좋을 것이다.

1. 스토아철학은 삶의 불확실성을 헤쳐나가면서 자신의 자원과 노력을 효율적으로 활용하는 방식이다.
2. 스토아철학은 어떤 환경에서도 최선을 다하는 방식이다.
3. 스토아철학은 자신의 감정을 재평가해 긍정적이고 적극적인 인생관에 도달하는 과정이다.
4. 스토아철학은 복잡하고 예측할 수 없는 환경에서

자아와 신체와 내면의 힘 사이의 균형과 소통을 추구한다.

5. 스토아철학은 자기 고유의 개성과 특성을 이해하고 받아들이며 자기애를 키우는 과정이다.

6. 스토아철학은 대리 목표proxy goal에서 벗어나 마음의 진정한 욕망을 좇는 학문이다.

7. 스토아철학은 삶을 내면의 목소리와 세상의 법칙에 정렬하는 것이다.

8. 스토아철학은 세계를 명확하게 보고 자신의 한계를 받아들이면서도 미지의 세계를 향한 호기심을 잃지 않고 궁극적인 가능성을 꿈꾸는 학문이다.

9. 스토아철학은 내면과 우주의 다양성에 감사하고 기념한다.

10. 스토아철학은 어떤 상황에서도 내면의 진실성을 잃지 않고 영혼의 상태를 명확하게 바라본다.

이 책을 다 읽을 때쯤이면 이 열 가지 정의가 유익하고 심오하게 와닿게 될 것이다. 동시에 스토아철학을 탐험하며 현재의 도전을 준비하고 미래를 낙관적으로 전망하게 될 것이다.

낙관적인 사람은 스토아주의자다. 그리고 낙관적인 사람은 인간적이다.

스토아철학은 참된 인간이 되는 길이다.

이제 스토아철학의 핵심으로 함께 떠나보자.

1부

오늘을
바꾸는
스토아철학

1장

풍요로운 세상에서 절제하는 사람

언젠가 공개 강연을 위해 오른 고급 크루즈에서 비범한 신사를 만난 일이 있다. 아주 부유한 집안 출신인 그가 들려주는 이야기는 실로 놀라웠다. 서일본에서 태어난 그는 매해 열한 달을 유럽, 호주, 하와이 등 해외에서 보냈고 세계 곳곳에 집이 있었다. 점잖고 세련된 그는 화려하고 우아한 디자인의 셔츠를 입고 있었으며, 부인 역시 마찬가지로 우아했다. 우연히 이 부부와 함께 식사를 하게 되어 들어보니 이제 막 여든에 접어들었다고 했다.

무슨 일을 하며 생계를 유지하는지는 묻지 않았다. 아주 중요한 일을 했을 수도 있지만 애초에 일을 할 필요가 없을 수도 있었다.

10년째 해마다 크루즈를 타고 세계를 여행하는 그는 배에 있을 때면 매일 아침 4시에 일어나 선내 체육관의 트레드밀에서 달린다고 했다. 컨디션이 좋으면 시속 15킬로미터 속도로 하루 두 차례 두 시간씩 달렸다. 호화로운 크루즈는 많은 여흥을 제공하지만 그 신사는 부인과 달리 한 번도 극장에 가지 않았다. 그저 매일 체육관에 가서 달릴 뿐이었다. 그의 꿈은 100세에 세계 마스터스 육상대회에 나가 우승하는 것이었다. 그는 또 크루즈뿐 아니라 다른 세계 여행도 일기장에 자세하게 기록했는데, 나와 만났을 때는 그렇게 쓴 일기장이 37권이었다. 그러나 일기를 출판할 계획은 전혀 없는 것 같았다.

고급 크루즈에서 매일 몇 시간씩 달리는 부유한 노신사의 이미지는 나에게 지워지지 않는 선명한 인상을 남겼다. 아마도 그는 삶이 줄 수 있는 거의 모든 즐거움을 누릴 수단이 있었을 것이다. 하지만 매해 아내와 함께 모든 것이 최고급으로 갖춰진 크루즈 여행을 즐기면서도 어떤 이유인지 매우 스토아적인 삶을 선택했다.

　나는 크루즈가 뉴욕에서 코스타리카로 향하는 항로를 지날 때 이 배에 탔다가 그 부부를 만났다. 배는 이미 요코하마, 고베, 싱가포르, 몰디브, 남아프리카공화국, 스페인, 독일, 영국을 거치며 전체 여정의 3분의 2를 마친 상태였다. 처음 만난 날 그는 레드와인을 한 병 마시고 있었다. 고된 훈련이 중반을 지난 것을 축하하는 중이었다. 배가 뉴욕에 도착하기 전까지는 술을 한 방울도 입에 대지 않았다고 한다. "내일 아침 4시에 일어나서 달려야 해요"라는 그의 말을 마지막으로 이 훌륭한 부부는 하루를 마무리하고 돌아갔다.

　스토아철학을 함께 논하지는 않았지만 어떤 이유인지 그 노신사를 보니 마르쿠스 아우렐리우스를 비롯해 물질적 풍요 가운데에서도 스토아적 삶을 선택한 역사 속 특권층 인물들이 떠올랐다. 이 사람들은 수완, 주의력, 실행력을 신중하게 활용하고 감각적 즐거움, 탐구, 고된 신체 훈련을 현명하게 할애하는 삶을 선택했다. 이렇게 살아가는 스토아적 삶에는 본질적으로 인간적인 면이 있다. 스토아철학은 세상이라는 물질적 풍요로움의 소용돌이에서 자신의 존재를 이해하는 유일한 방식인 듯하다.

누군가의 본성은 성공하거나 유명해진 후 어떻게 행동이 달라지는지를 보면 알 수 있다. 동아시아에는 '벼는 익을수록 고개를 숙인다'라는 속담이 있다. 역사적으로 동아시아 사람들의 주식인 쌀은 곧잘 자연과 인간의 성품에 비유되곤 한다. 성공해도 겸손한 사람들이 있다. 이들은 절제된 생활을 유지하며 원만하게 사는 편이다. 그러나 성공에 취해 오만하고 건방지고 사치스러워져서 지속 가능하지 않은 삶을 사는 사람들도 있다. 이런 사람들은 결국 큰 곤경에 처할 수 있다.

이런 점에서 스토아철학자였던 마르쿠스 아우렐리우스가 제국의 황위 계승자로서 점점 화려해지는 의식과 그에 따라 감당해야 하는 환경에 침착하게 순응했다는 점이 흥미롭다. 로마제국의 황제 자리를 즐겼다고 할 수는 없지만 그가 권위와 명성을 받아들이는 방식에는 스토아철학이 무엇인지 상징적으로 보여주는 특별함이 있다. 그의 겸손함은 모든 사람에게 보편적인 조건에 대해 생각할 수 있고 로마제국의 황제든 노예든 누구에게나 닥치는 보편적인 문제를 숙고할 수 있는 능력이 있음을 의미했다. 겸손은 스토아철학의 중요한 특징 중 하나다.

어떻게 보면 오늘날을 살아가는 우리는 고급 크루즈만큼 화려하지는 않더라도 모두 크루즈의 노신사와 비슷한 도전을 마주한다. 저렴해진 비용으로 물질 및 정보의 풍요로움을 누리는 것이 선진국 사람들의 삶을 설명하는 가장 큰 특징처럼 보인다. 일본에서는 대부분의 젊은이가 학교와 시간제 일자리와 편의점을 오가는 데 만족하는 듯하다. 사실 일본의 편의점은 온갖 종류의 음식, 생활용품, 기본 의류, 심지어 전자제품까지 파는 것으로 유명하다. 일본 젊은이들은 편의점이 제공하는 물질적 풍요와 소셜미디어 및 게임기에서 오는 정보적 풍요를 누리고 있다.

하지만 기술 진보로 현대인의 삶이 편안하고 여유

로워질수록 우리에게는 절제의 지혜가 필요하다. 크루즈의 노신사가 그랬듯이 우리는 몸과 마음의 균형을 유지하기 위해 때로 도전과 불편을 감내해야 한다. 이 여정에서 스토아학파의 가르침이 유용한 통찰을 줄 수 있다. 노신사와 마찬가지로 마르쿠스 아우렐리우스도 풍요로움 속에서도 쾌락에 빠지지 않고 몸과 마음에 좋은 것들을 하려고 했다.

　그러면 누군가를 두고 스토아적이라고 하는 건 어떤 의미일까? 재산이 얼마나 되든 겸손할 수 있다면 스토아주의자라고 할 수 있다. 소크라테스는 분명 겸손하고 조심스럽게 행동하는 법을 알았으며 주변 사람들을 존중했다. 물질적 편안함과 정보의 풍요로움을 절제할 줄 아는 사람이라면 스토아주의자라고 할 수 있다. 현대 사회에서는 누구나 스토아철학을 지향할 수 있다. 우리는 익어가는 벼 이삭처럼 풍성한 삶을 누리면서도 고개를 숙여 조화롭고 지속 가능한 삶을 살 수 있다. 이것이 우리 모두에게 열려 있는 스토아철학의 방식이다.

2장

통제할 수 없다면 잊어라

현대인의 복잡하고 다양한 삶에는 통제할 수 있는 것과 아무리 노력해도 통제할 수 없는 것이 있다. 위대한 스토아철학자 에픽테토스와 마르쿠스 아우렐리우스는 삶의 통제 가능성에 대해 글을 썼는데, 그들은 이를 매우 중요하고 핵심적인 문제라고 보았다. 에픽테토스는 통제할 수 있는 것(프로하이레시스prohairesis)과 통제할 수 없는 것에 대한 구분을 자신의 철학적 뿌리로 삼았다. 마르쿠스 아우렐리우스는 통제할 수 없는 것을 바꾸려는 노력이 얼마나 덧없는 행동인지 적었다. 로마제국의 복잡성을 생각하면 마르쿠스 아우렐리우스가 국정을 모두 통제하기는 어려웠을 것이다. 그게 바로 황제의 임무였다고 하더라도 말이다. 사회적 지위가 높아질수록 삶을 통제하기 쉬울 거라 생각할 수 있지만, 두 사람은 스토아철학의 이 원리가 노예(에픽테토스)와 황제(마르쿠스 아우렐리우스)를 비롯한 모든 사회적 위치에 있는 사람들에게 적용된다는 걸 보여준다.

통제의 어려움은 오늘을 살아가는 모든 사람이 겪는 문제다. 통제할 수 있다는 환상은 종종 스트레스나 불균형적이고 어긋난 행동으로 이어진다. 예를 들어 누군가를 사랑하면 그 사랑을 돌려받고 싶을 것이다. 하지만 상대의 동의 없이 자신의 노력으로 사랑받기를 기대하고, 더 나아가 그 사람의 애정을 마음대로 조정할 수 있다고 믿으면 결국 스토커가 될 수 있다. 부모라면 자녀가 특정한 방식으로 성장하고 발달하기를 바라는 마음으로 양육에 노력을 기울일 것이다. 하지만 비이성적으로 자녀를 통제하려고 하면 학대가 될 수 있다. 응원하는 축구팀이 있다면 경기가 더 재미있을 것이다. 하지만 응원으로 결과를 바꿀 수 있다는 환상에 빠져버리면 확률상 50퍼센트는 실망하거나 기분이 나빠질 것이다.

많은 현대인이 통제할 수 있다는 환상 때문에 자주 함정에 빠진다. 적합한 접근법을 찾을 수 없어 안정적인 해답이 없는 '잘못 설정된 문제ill-posed problem'를 풀려고 하면 스트레스가 쌓여 건강과 행복을 망칠 수 있다. 그래서 어떤 사람들은 통제할 수 없는 문제를 통제할 수 있다는 환상에서 벗어나라고 한다. 이렇게 간단하게 해결할 수 있는 문제다.

하지만 과연 그럴까? 막상 이 문제를 이해하면 통제할 수 있는 것과 통제할 수 없는 것을 쉽게 구분할 수 있다는 가정이 틀렸음을 알 것이다. 설사 둘을 구분할 수 있다고 해도 명확하게 분리하기 어려울 때가 많다.

스토아철학은 무엇보다 통제할 수 있는 것과 그렇지 않은 것을 능숙하게 분류하는 데 집중한다. 통제할 수 있는 일에는 최선을 다하라. 통제할 수 없는 일은 우연 또는 마르쿠스 아우렐리우스의 동시대인들이 말한

대로 운명에 맡겨라.

이때 '능숙하게'라는 말이 중요하다. 아기나 어린아이는 둘을 구분하지 못한다. 그래서 종종 말도 안 되는 요구를 하면서 울고 떼를 쓴다. 사실 아이들은 환상이 깨지고 실망하는 경험을 한 후에야 통제할 수 있는 것이 무엇이고 통제할 수 없는 것이 무엇인지 배운다. 우리는 자라면서 지식과 기술을 축적해 사물을 파악하는 능력을 계발한다. 사람마다 구분 기준이 다를 수 있지만 우리는 본질적으로 통제할 수 있는 것과 그렇지 않은 것 사이에 경계를 정하는 능력을 점점 키워나간다. 성숙함은 둘을 더 정확하게 구분한다는 것을 뜻하며, 스토아철학은 그 차이를 안다는 것을 의미한다.

이처럼 통제할 수 있는 것과 통제할 수 없는 것을 구분하는 능력은 성숙함의 표시로 여겨지기도 한다. 복잡한 현대사회에서는 무엇이 통제 영역을 넘어서는지 아는 일이 특히 중요하다. 세계화와 AI라는 미지의 세계를 만난 뒤 사람들은 통제할 수 있는 것과 통제할 수 없는 것을 구분하기 힘들어하고 있다.

한 가지 좋은 소식은 인간에게 신체가 있다는 사실이다. 이는 통제성 분류에 매우 유리하다. 인간의 뇌는 신체를 통제할 수 있다고 인식하지만, 사실 이 능력은 우리가 습득한 기술이다. 갓 태어난 아기는 어디까지가 몸이고 어디서부터 몸이 아닌지 모른다. 그저 자신과 주변 세상을 만지고 탐색하는 과정에서 자신과 자신이 아닌 것 사이의 경계를 발견한다. 자기 몸을 만지면 만지는 감각과 뭔가 닿는 감각이 동시에 느껴지는데 이를 '자기 접촉self-touch'이라고 한다. 다른 사람을 만지면 만지는 감각만 느껴지고, 다른 사람이 자신을 만지면 닿는 감각만 느껴진다. 따라서 우리는 만지는 감각, 닿는 감각, 자기 자신을 접촉하는 감각을 구분하면서 자아와 비자아의 경계를 배운다.

이런 학습에 따라 의사소통을 위한 인지적 바탕이 형성된다. 대표적인 예가 바로 간지럼이다. 자기 자신을 간지럽힐 수 없다는 사실은 잘 알려져 있다. 자기 자신을 간지럽힐 때는 운동 활동(간지럽히기)에 대한 정보가 뇌의 감각 영역으로 전송되어 감각 정보가 상쇄된다. 간지럼을 느끼려면 다른 사람이 간지럽혀야 한다. 게다가 친밀한 사람이 간지럽혀야 간지럼을 느낄 수 있지, 그렇지 않으면 간지럽다는 느낌이 전혀 안 든다. 예를 들어서 모르는 사람이 다가와서 간지럽힌다면 간지럽다기보다는 공포스러울 것이다. 이렇듯 간지럼처럼 단순해 보이는 감각도 신체, 자아와 비자아, 신체적·사회적 경계 등에 관한 복잡한 정보 처리 과정이 뇌에서 일어난 결과다.

신체 경계를 파악한 뇌는 기본적으로 자기 몸을 통제할 수 있다고 가정한다. 실제로 우리는 성장하고 발달하면서 신체를 더 잘 통제하고 움직일 수 '있게' 된다. 아기는 기기 시작해서 어설프게나마 일어서다가 마침내 걷고 달리고 춤도 춘다. 운동피질, 전운동피질, 보조운동피질뿐 아니라 기저핵, 소뇌 같은 뇌 영역 전반에 있는 뇌 회로에서 놀라운 성취가 일어난 결과다.

하지만 모두 알다시피 신체를 언제나 마음대로 통제할 수 있는 것은 아니다. 수영, 테니스, 골프, 야구 등 어떤 스포츠라도 시도해 본 사람이라면 내 뜻대로 신체를 움직이기가 얼마나 힘든지 알 것이다. 또한 훨씬 더 기본적인 기능 수준에서도 일부 신체 기능은 의식적 통제를 벗어난다. 내장의 움직임과 기능이 그 예다(과학자들은 뇌와 장 사이의 복잡한 기능적 연결성을 점점 더 알아가고 있다. 이 같은 연결이 일어나는 틀을 장-뇌 축brain-gut axis이라 부르는데, 뇌가 잘 기능하려면 장내 미생물군의 균형이 잘 잡혀 있어야 한다. 반대로 장 기능도 때로는 마음과 뇌의 균형에 큰 영향을 받는다. 그러므로 건강한 뇌 생활을 위해서는 건강한 장 생활이 필요하고, 그 반대도 마찬가지다. 뇌와 장은 한 팀으로 움직여야 한다. 다시 말해 의식과 무의식이 탱고를 춰야 한다).

우리 인간은 다양한 도구를 만들고 사용할 수 있다는 점에서 동물 중에서도 독특한 위치에 있다. 독일계 미국 역사학자이자 철학자인 해나 아렌트Hannah Arendt와 프랑스 철학자 앙리 베르그송Henri Bergson은 인간을 '호모 파베르Homo Faber(도구를 만드는 인간)'로 생각해야 한다고 강조했다. 도구는 인간의 삶에 지극히 중요하며, 인간의 뇌는 도구를 인간 존재의 필수적인 부분으로 취급한다. 사실 뇌 활동을 측정해 보면 우리가 도구를 사용할 때 신경회로는 이 도구를 신체가 확장된 것으로 본다. 예를 들어 갈퀴를 이용해 물체를 몸 가까이 끌어당기면 뇌는 갈퀴를 손과 팔의 확장으로 본다. 차를 운전하면 뇌가 차를 확장된 신체로 보기 때문에 우리는 마치 차가 신체의 '일부'인 것처럼 조작할 수 있다(다음 장에서 더 자세히 이야기할 것이다).

문명이 발달하면서 확장된 신체는 점점 더 정교해졌다. 스탠리 큐브릭의 영화 〈2001: 스페이스 오디세이 2001: A Space Odyssey〉는 원시인이 뼈를 공중에 던지자 우주선으로 변하는 장면으로 시작한다. 신체 확장이 단순한 도구에서 오랜 세월에 걸쳐 자동차, 기차, 비행기, 심지어 우주선 같은 정교한 기계로 발전했음을 그리는 아름다운 장면이다.

확장된 신체 이미지가 중요한 것은 이 이미지가 우리의 주체성을 뒷받침하기 때문이다. 인간은 자유의지라는 환상을 지닌 의식적 존재로서 자신이 주체적이라고 느끼며, 신체는 주체성의 영역을 대표한다(내장 같은 통제 불가능한 부위는 예외다). 도구를 사용해 신체 이미지가 확장되면 주체성도 커진다.

주체성에 대한 이런 셈법이 스토아적 삶의 토대를 이룬다. 신체의 경계와 통제 범위를 알지 못하면 통제할 수 있는 것과 통제할 수 없는 것을 분류할 수 없다. 주체성에 대한 혼란은 스토아철학의 붕괴로 이어질 수 있다.

확장된 신체라는 비유는 스마트폰, 태블릿 PC, 노트북 같은 도구나 사이버 및 정보 영역에까지 적용될 수 있다. 형태가 있는 도구뿐 아니라 정보 체계도 확장된 신체에 포함하는 것이다. 요즘 우리는 인터넷을 사용할 때, X(전 트위터), 인스타그램, 틱톡 같은 소셜미디어 계정에서 우리를 나타내는 복제된 자아에 대해서도 주체성을 느낀다. 이런 매체를 통해 세상에 정보를 내보내면 사이버 정보 세상의 복제 자아가 가상의 주체가 되어 신체적으로 닿을 수 있는 거리를 훨씬 뛰어넘는 영향을 미친다고 느낀다. X에 게시물을 올릴 때도 어쩌면 자신에게 유리한 메시지나 이미지가 퍼질 수도 있을 거라고 기대한다. 게시물이 1000번 정도 공유되고 '좋아요'를

100만 개 정도 받으면 가상의 존재감이 그 횟수만큼 확대됐다고 느낄 것이다. 하지만 이런 플랫폼을 사용해 홍보를 시도해 본 사람이라면 알겠지만, 소셜미디어의 효과를 마음대로 조절하기는 무척 어렵다. 여기는 마치 마음이 따뜻해지는 이야기와 파괴적인 여론이 머리카락 한 올을 사이에 두고 아슬아슬한 줄타기를 하는 듯한 곳이다.

따라서 주체성을 계산할 때 소셜미디어 속 우리의 존재감은 근본적으로 혼란스러울 수밖에 없다. 신체에서 실제로 일어나는 일은 어느 정도 알 수 있다. 사과를 손에 들었다면 먹거나 던지지 않는 이상 사과가 계속 손에 있을 것이다. 소셜미디어에서 확장된 자아는 그렇지 않다. 어떤 일이 일어날지 알 수 없다. 실제로 어떤 이들은 악성 댓글을 유발하고 심각한 오해를 부르는 등 불확실성을 마주할 수 있다는 두려움 때문에 소셜미디어 활동 자체를 하지 말라고 조언한다.

성인이라 해도 사이버 및 정보 세계의 자아를 확장된 신체 일부로 인식할 때는 어릴 적 습득한 신체 조절의 기본을 떠올려야 한다. 아기들은 시행착오를 통해 신체와 신체가 아닌 것을 구분할 수 있게 된다. 현대인의 과제는 확장된 신체가 어디에서 시작하고 어디에서 끝나는지 파악하여 무엇이 불확실하고 무엇을 통제할 수 있는지 이해하는 것이다. 또 흥미로운 점은 몸과 주체성 문제가 자신과 타인 사이의 관계와 얽혀 있다는 사실이다. 다시 말해 타인과 소통하고 그들을 상대하는 방식이 이 문제와 얽힌다.

통제할 수 있는 것에 관해 세네카, 에픽테토스, 마르쿠스 아우렐리우스 같은 스토아철학자들이 쓴 여러 글이 있다. 그들은 다른 사람에게 기대하는 행위 자체에 대해 이야기한다. 스토아학파 저자들은 행복을 위해 다른 사람의 선의에 의지하는 건 물론이고 다른 사람에게 무언가를 기대하는 일 또한 무의미하다고 거듭 이야기한다. 이 같은 신조는 삶이 어떻게 펼쳐지는지에 대한 현실적인 인식에 기반을 둔 것이다. 예를 들어 다른 사람에게 친절하게 대했다고 똑같은 대접을 받으리라는 보장은 없다. 당연히 친절한 대접을 받았다면 같은 태도로 보답

하는 것이 윤리적이겠지만, 스토아철학은 그런 윤리를 따지지 않는다. 스토아철학은 윤리보다 크다. 물론 윤리적으로 살아야 하지만 윤리적이지 않은 세상과 발을 맞출 줄도 알아야 한다. 스토아철학은 원하는 세상이 아니라 있는 그대로의 세상에서 사는 법을 이야기한다.

친구나 가족을 둘러보면 그들이 언제나 호의적으로 반응해 줄 거라고 기대해선 안 된다는 사실을 잘 알 것이다. 주변 사람들이 이성적이기를 기대해선 안 된다. 사실 그 사람들이 이성적이기를 기대하는 게 비이성적이다. 윤리적인 사람이라면 자신도 그렇게 살려고 노력하고 있으니 다른 사람들도 윤리적으로 행동하기를 바랄 테지만, 스토아철학은 그런 가정에서 시작하지 않는다. 다른 사람들이 윤리적이라면 매우 좋겠지만 스토아철학자는 다른 사람들이 윤리적이기를 기대하지 않는다. 물론 이상적인 세상이라면 사람들이 모두 윤리적이고 이성적이고 친절할 것이다. 하지만 나중에 다시 이야기하겠지만 이상적인 세상을 요구하면 그에 따른 철학적 함정에 빠질 수 있다.

그러므로 스토아주의자가 되는 첫 단계는 결코 다른 사람에게 특정한 행동을 요구하지 않는 것이다. 그렇게 하면 우선 다른 사람들이 좋은 일을 할 거라는 기대감이 없어서 실망할 일도 없다. 어떤 사람이 친절하거나 심지어 우리를 사랑한다면 정말 좋고 뿌듯하겠지만, 설령 그 사람이 우리에게 친절하지 않다고 해도 원래 그런 것이므로 역시 괜찮다. 윤리적인 문제라고 할 수도 없다. 주변 세상에 대한 통제력을 '과학적으로' 이해하는 것뿐이다. 아무리 소중한 사람이라도 우리의 신체나 주체성이 힘을 미치는 범위에 포함되지 않으므로 통제할 수 없다. 세상은 우리의 몸이 아니니 우리가 통제할 수 없으며, 스토아철학은 윤리를 다루지 않는다.

그렇다면 점점 복잡하고 이해하기 어려워지는 세상에서 통제할 수 있는 것과 통제할 수 없는 것을 어떻게 구분할 수 있을까? 이 장에서 살펴봤듯이 신경생리학을 바탕으로 한 경험 법칙 중 하나는 바로 자신의 신체 이미지에 기대는 것이다. 새로운 사회적 맥락이나 새로운 기술을 대할 때 신체적으로 어떻게 느끼는지 스스로 물어보라. 신체가 온전한 느낌인가, 아니면 방해받는 기분인가? 신체가 얼마나 확장되는가? 팀을 이룰 때 다른 팀원들과 하나가 된 느낌인가? 생성형 AI 같은 새로운 기술을 이용할 때 신체는 그 관계를 어떻게 느끼는가?

갓난아기가 자아와 비자아, 주체성의 가능성과 한계의 차이를 찾기 위해 자기 몸을 탐색하듯이 우리는 끊임없이 세상과 새롭게 관계를 맺는다. 그 과정에서 우리는 신체를 확장하고 점검하고 새롭게 하고 의문을 제기하고 재평가한다. 스토아철학은 구체적인 삶의 길잡이며 우리는 현대적인 세상에서 확장된 신체로 스토아 음악에 맞춰 춤을 춘다.

5장

기분은 당신의 주인이 아니다

인간은 사회적 동물이다. 하지만 흥미롭게도 우리가 통제할 수 없는 건 대부분 타인과 관계된 것이다. 예를 들어 다른 사람의 생각과 감정은 우리가 통제할 수 없다. 그들의 성격도 우리의 통제 범위 밖에 있다. 그들의 능력을 직접 개선하는 일은 교육이라는 길고 고된 과정을 통하지 않고는 불가능하다.

우리는 소셜미디어에서 끊임없이 다른 사람을 비난하고 어리석다며 불평하는 사람들을 본다. 어떤 사람에게는 다른 이용자들이 멍청해 보일 수 있다. 하지만 그런 사람들의 어리석음을 불평하는 일은 스토아적이지 않다. 어찌 됐든 다른 사람의 어리석음은 통제할 수 없으므로 불평해도 아무런 도움이 되지 않는다. 감정을 발산하는 것이 나쁘다는 말이 아니다. 오히려 감정을 발산해야 개인적 또는 사회적 목적을 이루는 데 도움이 될 수 있다. 하지만 감정을 표현할 때는 맥락을 파악해야 한다. 그래야 타인과 맺는 관계에 맞춰 감정을 건강하게 유지하고 스토아적 삶을 시작할 수 있다.

스토아철학을 잘못 해석하거나 잘못 받아들이는 사람들은 흔히 스토아주의자에게 감정이 전혀 없을 거라고 여긴다. 이해하기 어려운 사람을 보며 나온 생각일 것이다. 낯선 사람을 보면 이해하려고 노력하기보다 감정이 없다고 묘사하는 편이 더 쉬우니까 말이다. 그러나 사실 어떤 사람도 감정의 대륙과 단절된 섬이 될 수는 없다. 가즈오 이시구로의 《남아 있는 나날》에 등장하는 집사 스티븐스는 고용인 앞에서는 감정 없는 하인으로 보일 수 있지만, 사실 매우 인간적인 감정을 느낄 수 있는 사람이며, 특히 달링턴 홀의 동료 켄튼 양을 향해서는 더 그렇다. 어떤 운동선수는 상대를 존중하는 마음 때문에 중요한 시합에서 이겨도 감정을 표현하지 않지만, 내면에는 기쁨이 넘친다. 눈시울이 붉어지고 때로 눈물이 흐르는 모습을 보면 알 수 있다. 또 마르쿠스 아우렐리우스의 《명상록》을 읽어보면 황제도 개인적으로는 자신과 주변에 대해 대단히 미묘한 감정을 느끼는 것을 알 수 있다. 사실 건강한 스토아주의자로 살기 위해서는 행복과 불행, 감동을 주고받는 기분, 흥겨움과 우울함, 즐거움과 슬픔 등 모든 감정을 풍부하게 느낄 수 있어야 한다.

인간은 다양한 감정을 느끼며, 그중 일부는 긍정적이고 일부는 부정적이다. 뇌에서 감정을 담당하는 회로는 적대적인 사건이 일어나면 중앙에 있는 편도체를 통해 분노, 질투, 불안 같은 감정을 일으킨다. 모두 알겠지만 이런 부정적인 감정이 우리를 사로잡을 때 우리가 할수 있는 건설적인 일은 거의 없다. 이런 감정을 따라 행동하면 결과는 부정적일 가능성이 높으며 파괴적인 사태가 일어날 수도 있다.

여러 스토아철학 저자가 감정을 받아들여야 한다고, 특히 분노 같은 강력한 감정을 잘 다뤄야 한다고 적었다. 예를 들어 세네카는 분노는 쓸모없고 헛된 것이며 심지어 전염병보다 더 많은 해를 끼친다고 길게 적었다. 떠오르는 감정을 통제하거나 억압하기는 불가능함을 깨달아야 한다. 사람들은 종종 화를 내면 안 된다고 하면서, 분노는 화내는 사람이나 상대방 모두에게 끔찍한 결과만 가져올 뿐이라고 말한다. 하지만 '화내면 안 된다'라는 말은 사회적으로나 신경생리학적 관점에서나 실용적이지 않다. 때로는 화가 날 수 있다. 감정은 그저 일어나는 것이고, 우리가 할 수 있는 행동은 그 감정을 지적이고 창조적으로 해석하고 감당하는 일뿐이다. 그러므로 화를 다스리는 방법이 중요하다. 여기서 알아두어야 할 것은 감정의 가치가 긍정과 부정 두 개만으로 나뉘지 않는다는 점이다. 보통 부정적으로 받아들이는 감정도 똑똑하게 해석하고 다루는 법을 알면 긍정적인 효과를 낼 수 있다. 실제로 분노는 변화를 위한 연료가 되기도 한다.

　그러니 감정을 억누르지 말고 감정과 균형을 이뤄야 한다. 조화와 공존은 감정을 조절하는 데 적용할 수 있는 훌륭한 원칙이다. 부정적일 가능성이 있다고 부인하거나 억제하거나 완전히 없애려고 할 필요는 없다. 오히려 부정적인 감정의 존재를 인정해야 한다. 긍정적인 감정이 있으면 분노나 질투 같은 감정도 있음을 받아들여야 한다. 감정을 더 폭넓은 가치와 고민에 맞춰 정렬하면 건강하고 긍정적인 삶을 살 수 있다.

　앞 장에서 살펴보았듯이 통제할 수 있는 것과 통제할 수 없는 것을 늘 구분할 수는 없으니 어느 정도 불확실성은 늘 남아 있다. 그렇게 불확실한 곳에는 자연스럽게 감정이 개입한다. 사실 어떤 감정들은 삶의 불확실성에 대한 반응으로 나타난다. 예를 들어 우리는 누군가 갑자기 우리에 대해 고약한 말을 하면 화가 난다. 그런 말을 예상할 수 있다면 여전히 기분은 나쁘겠지만 그렇게 화가 나지는 않을 것이다. 불안 역시 불확실성에 대한 전형적인 반응이다. 예를 들어 공포 영화를 보다가 금방이라도 괴물이 나타날 것 같은 불길한 음악이 흐르면 불안해질 것이다. 두려움 또한 미지의 대상에 대한 자연스러운 반응이다. 특히 두려움은 궁극적 불확실성이라고 할 죽음의 가능성을 마주하는 상황에서 극대화된다.

그래서 스토아철학에서는 부정적인 감정과 불확실성을 줄이기 위해 삶은 힘들고 고달픈 것이고, 그래서 참고 헤쳐나가야 한다는 가정에서 출발하는 속임수를 쓴다. 실제로 그렇게 고달픈 삶이 펼쳐진다면 이런 스토아적 가정을 통해 잘 준비해 두었을 테니 무슨 일이든 대처할 수 있을 것이다. 반대로 상상한 만큼 힘들지 않다면 예상하지 않았던 햇살을 즐길 수 있다. 수월할 거라고 예상했다가 생각지 못한 어려움을 만나 놀란 나머지 분노와 불안처럼 부정적이고 통제할 수 없는 감정의 폭풍에 휩싸이는 것이 가장 안 좋다.

이렇게 어려운 상황을 먼저 예상하고 시작하는 스토아철학의 정신은 동아시아의 일본 문화와도 어느 정도 비슷하다. 지진, 쓰나미, 태풍 같은 자연재해가 자주 일어나서인지 일본 사람들은 인내하고 노력하는 태도를 기본으로 여기며 살았다. 기대가 낮으면 햇살을 더 즐길 수 있다. 일본 사람들이 매해 봄 벚꽃을 구경하며 터뜨리는 폭발적인 기쁨은 이런 스토아식 가정으로 어느 정도 설명할 수 있다.

일본의 에도시대(1603~1868년)를 연 도쿠가와 이에야스는 원하기만 하면 삶의 온갖 즐거움을 누릴 수 있었을 것이다. 하지만 이에야스는 삶을 '무거운 짐을 지고 가는 장거리 여행'에 비유했다. 어쩌면 이에야스의 인생관은 순전히 오늘의 친구가 내일의 적이 되는, 앞날을 예측하기 어려운 세상에서 살아가던 중 생겼을 것이다. 세네카, 에픽테토스, 마르쿠스 아우렐리우스와 이들의 현대사회 동료라고 할 넬슨 만델라Nelson Mandela까지 스토아학파 저자들은 모두 예측 불가능성 문제를 다뤘다.

감옥에 있다면 앞으로의 운명을 알 수 없어서 심리적으로 무척 견디기 힘들었을 것이다. 만델라는 자신이 언제까지 감옥에 있을지 몰랐다. 그때 그가 활용한 한 가지 대처 방법은 수감 기간을 배움의 기회로 삼는 것이었다. 만델라는 이렇게 말했다. "우리는 유쾌한 경험과 불쾌한 경험 모두에서 성장의 본질을 배워야 한다. 배우고 성장하겠다는 마음으로 투옥 생활을 감당한다면 그에 따른 극도의 불확실성도 극복할 수 있다." 불확실성을 마주할 수 있다면 어떤 상황에서도 배우고 성장할 수 있다.

스토아철학의 아버지인 소크라테스 또한 삶의 예측 가능성과 예측 불가능성에 대처하는 법을 보여주었다. 사실 소크라테스식 문답법 자체가 고정된 목표나 정해진 답변 없이 예측이 불가능한 결말로 이어질 수밖에 없는 열린 대화를 가정해서 만들어졌다. 어떤 생각을 고집하면 안정감은 얻을지 몰라도 배움이나 정신적 성장은 이룰 수 없다. 소크라테스의 스토아적 태도가 당시 일부 사람들을 불안하게 한 것도 당연했다. 오늘날에도 상황에 의문을 제기하는 사람이 논란에 휘말리거나 공격당하는 모습을 볼 수 있다. 열린 태도는 불확실성이라는 판도라의 상자를 열 수 있지만, 이는 우리의 정신적 성장에 꼭 필요하다.

감정에 적절하게 대응하는 법을 알려면 삶에서 마주치는 불확실성에 대처하는 뇌의 반응을 살펴봐야 한다. 뇌과학자들은 때로 뇌를 타임머신에 비유한다. 기억은 경험의 일부를 보존해서 사실상 우리를 과거로 데려간다. 진화론적 관점에서 볼 때 우리는 미래를 내다볼 수 있도록 적응했기 때문에(당연히 위협 가능성을 물리치려는 이유에서다), 타임머신인 뇌는 기억 저장고를 활용해 어떤 일이 일어날지 예측하는 내부 모델을 구동하고 미래로 떠나려고 한다. 과거 사건의 규칙성을 활용해 경험에 따라 추측하는 것이다. 뇌에서 미래를 예측하는 신경회로와 과거를 기억하는 신경회로는 가까이 있고 거의 함께 기능한다. 때로 현재 순간과 바로 앞의 미래를 과거에 경험한 듯한 느낌이 드는 이유가 여기에 있다. 뇌가 현재 상황에서 일어날 일에 관한 정보를 꺼내려고 할 때 예측과 회상이 뒤섞일 수 있는데, 이는 가끔이지만 선명한 '데자뷔' 경험을 전달한다.

물론 일반적으로 미래를 예측하기는 불가능하다. 1장에서 언급했듯이 세계가 동역학적 혼돈에 지배받기 때문이다. 하지만 이것을 알아도 우리 뇌는 여전히 과거 사건에 따른 통계적 추론을 통해 예측의 정확성을 높이려고 한다.

이런 방식으로 뇌는 약간 생성형 AI 시스템처럼 작동한다. 2023년에 큰 화제를 몰고 온 오픈AI의 챗GPT는 통계 학습에 기반을 둔 예측 기계의 한 예시다. 챗GPT는 인간이 쓴 글의 방대한 데이터베이스를 연구해서 초기 입력(프롬프트prompt라고 한다)을 바탕으로 다음 단어 묶음을 예측할 수 있다. 이 AI 모델은 단어와 구절이 토큰*으로 표현되기 때문에 다음 토큰 예측next token prediction이라고 알려져 있다.

우리의 뇌 기능이 생성형 AI 시스템보다 훨씬 많은 것을 할 수 있음은 말할 필요도 없다. 사실 챗GPT와 기타 대형언어모델Large Language Model, LLM 또는 일반적인 생성형 AI의 결과물이 인상적이긴 해도 진짜 인간의 언

---

* AI가 텍스트를 이해할 때 사용하는 의미 단위로 단어, 문장 부호, 혹은 그보다 더 작은 의미 조각을 말한다.

어가 보여주는 개별적인 독특함을 따라잡기에는 부족하다. 어떻게 보면 LLM의 출력은 대규모 데이터 덩어리에 기반을 둔 통계적 평균으로 사람들이 자연 언어로 말하거나 쓸 법한 적당한 표현을 제공하는 것이다. 하지만 개별적 인간의 출력물은 근본적으로 예측할 수 없다는 특징이 있다. 인간의 신경회로에는 나비가 있다. 우리가 이야기할 때면 나비가 때로 예상하지 못하게 날개를 펄럭여 듣는 사람뿐 아니라 말하는 사람까지도 놀라게 한다. 무의식적인 과정도 한몫한다. 무심결에 말실수를 하는 것도 알고 보면 무의식 깊이 숨어 있던 진실이 드러나는 것이다.

선구적인 딥러닝 연구 덕에 'AI의 대부'로 불리는 제프리 힌턴Jeffrey Hinton은 한때 AI를 나비에 비유했다. 2023년 3월 그는 다음과 같은 트윗을 남겼다. "애벌레는 양분을 뽑아 먹고 나비로 변한다. 사람들은 지식 조각을 수십억 개 추출했고 GPT-4는 인류의 나비가 되었다." 한 댓글에서는 힌턴을 AI계의 밥 딜런이라고 했다. 그럴 수도 있겠다(힌턴은 2024년 딥러닝 연구에 기여한 공로를 인정받아 노벨 물리학상을 수상했다).

힌턴의 시적 언어는 인상 깊지만, 현재의 생성형 AI가 그와 같은 능력이 있는지는 논란의 여지가 있다. AI의 결과물은 흥미로운 예측 불가능성이라는 측면에서 충분하지 않은 듯하다. 때로 생성형 AI의 결과물이 개성이 부족하고 단조롭다고 느껴지는 이유는 이 때문일 것이다. 창의적인 AI를 설계하려고 할 때 이런 흥미로운 예측 불가능성, 즉 나비의 부재가 중요한 문제가 될 수 있다.

레바논계 미국인 수학자이자 수필가인 나심 니컬러스 탈레브Nassim Nicholas Taleb가 자신의 저서《블랙 스완》에서 설명했듯이 세상에는 전문가들도 예측할 수 없는 사건들이 일어난다. 1987년 10월 19일 일어난 '블랙 먼데이Black Monday' 주가 폭락도 그런 사건 중 하나다. 2001년의 9·11 국제무역센터 공격도 마찬가지고 2020년 초 발발한 코로나19는 가장 최근에 일어난 불안한 사건이다. '검은 백조'라는 용어는 1697년 오스트레일리아에서 검은 백조라는 예상치 못한 존재를 발견한 데서 왔다. 이 말은 예상을 뒤엎고 갑자기 일어난 사건을 상징하게 됐다. 유럽인들은 모든 백조가 하얀색이 아니라는 데 매우 놀라 이 발견이 일어난 장소를 스완강이라고 이름 지었다.

　뇌는 과거를 샅샅이 조사해 미래를 예측하며 스스로 다음 토큰 예측을 실행하지만, 이때 현실 세계의 불확실한 본질을 상대해야 한다. 다행히 우리의 뇌 회로는 예측하지 못한 일에도 대처할 수 있게 설정돼 있다. 편도체를 중심으로 한 감정 회로는 뜻밖의 사건에 빠르게 반응하고, 신피질을 조정하여(신피질은 보통 상세한 분석을 좀 더 천천히 진행한다) 뜻밖의 정보에 신속하고 효과적으로 대응하게 한다. 게다가 편도체는 기억 중추인 해마에 신호를 보내서 들어오는 정보에 우선순위를 부여하게 한다. 따라서 감정적으로 중요성이 두드러지는 사건은 뇌에서 특별히 중요하게 처리된다. 사람들이 9.11 공격에 대해 처음 들은 장소는 생생하게 기억하지만 하루 전날인 2001년 9월 10일에 무슨 일이 있었는지는 기억하지 못하는 이유가 여기에 있다.

우리 뇌가 본질적으로 또 정신적으로 예상하지 못한 일을 감당하도록 설계돼 있다는 사실을 알면 안심이 될 것이다. 주의, 작업 기억, 판단, 선택을 담당하는 뇌 중추인 앞이마엽겉질prefrontal cortex에는 새로운 자극에 특별히 맞춰 조정된 회로망들이 있다. 뇌의 경보 중추인 앞띠겉질anterior cingulate cortex은 예상하지 않은 일이 생길 때 활성화된다. 그러면 그 신호가 뇌의 실행 중추인 등가쪽앞이마엽겉질dorsolateral prefrontal cortex로 전달된다. 앞띠겉질이 주의가 필요한 일이 일어났다고 경보를 보내면 등가쪽앞이마엽겉질이 뇌의 다양한 회로망을 동원해 들어오는 정보를 처리하고 분석해 적절한 판단을 내리고, 필요하면 행동에 돌입하는 것이다.

살아가면서 불확실성을 없앨 수는 없다. 오히려 역설적이지만 잘 살기 위해서는 불확실성을 찾아내야 한다. 사실 인류는 모험 정신을 타고난 종이다. 우리는 미지의 세계 앞에서 아무 행동도 하지 않고 얼어붙는 대신 크고 작은 세계, 멀고 가까운 대상을 탐험하며 미지의 대륙을 찾고 낯선 사람과 교류하고 달에 가고 심지어 언젠가 화성인이 되겠다는 꿈까지 꾼다. 할리우드 영화에서는 이미 이런 일이 일어나고 있다.

감정은 불확실성에 대한 자연스러운 반응이므로 우리는 이런 감정을 환영하거나 적어도 받아들여야 한다. 감정은 우리가 삶의 불확실성을 창조적이고 적극적으로 마주해서 미지의 영토를 개척하고 기회의 푸른 바다를 헤쳐나가도록 돕는다. 인간에게 희망, 용기, 기쁨, 기대감, 불안, 두려움, 슬픔, 실망 등 수많은 감정이 있다는 건 뇌의 인지와 행동 회로를 구성하는 방식이 매우 많다는 뜻이다. 흔히 스토아주의자는 감정이 없다고 생각한다. 하지만 때로 고되고 힘들기까지 한 삶의 여러 상황 앞에서 풍부하고 다양한 감정을 경험하는 것은 매우 스토아적이다. 감정은 스토아철학의 대응 기제이자 전략이다.

여기서 중요한 사실은 인간의 감정은 극도로 개인적이며, 그러므로 사람을 데이터로 취급하는 이 시대에 인간 고유의 개별성을 어떻게 정의하느냐는 것이다. 정보는 네트워크 안에서 공유하고 분석할 수 있지만 감정은 본질적으로 늘 공유할 수는 없다는 게 디지털 시대의 기본 가정이 된다. 그런 면에서 감정은 일반적인 정보와 다르다. 예를 들어 외로움은 정의상 공유할 수 없는 감정이다. 말 그대로 혼자 있을 때 드는 감정이기 때문이다. 특히 삶이 마침내 곧 끝난다고 느낄 때 드는 외로움은 나눌 수 없다. 하지만 이런 감정은 모든 사람이 언젠가는 겪어야 하는 운명과도 같은 것이다.

일본의 중세 시인 아리와라노 나리히라在原業平의 대표작 《이세 이야기伊勢物語》는 아름답고 정교한 일본 정형시 '와카' 200여 편을 담고 있는데, 그중 맨 마지막에 실린 시가 이 느낌을 아름답게 표현하고 있다.

우리 모두 언젠가 걸어야 할 그 길을
나도 걸을 것을 알고 있었지.
하지만 몰랐네.
그게 내일일 수도 있고
심지어 오늘일 수도 있음을.

몇백 년 후 하이쿠* 장인 마쓰오 바쇼松尾芭蕉의 마지막 하이쿠는 다음과 같다.

방랑에 병들어
꿈은 마른 들판을
헤매고 도네.

감정은 삶에 대한 통렬한 관찰을 부른다. 감정이 없다면 한 사람의 짧은 생애는 훨씬 빈약해질 것이다. 우리가 삶의 가치를 제대로 알고 충실하게 음미하며 살 수 있는 것은 오직 감정의 도움 덕분이다. 그러므로 스토아 철학자라고 해서 감정을 억누르고 회피해야 할 이유는 없다. 감정이라는 거대한 바다에서 끝없이 요동치는 일은 힘든 일이지만 우리 인간에게는 다른 선택지가 없다.

---

* 　5-7-5의 3행 17자로 이루어진 일본 단시.

4장

일상에서 길어올리는 삶의 의미

마르쿠스 아우렐리우스는 늘 삶을 긍정적으로, 활기차게, 또 적극적으로 해석하려고 했다. 로마 황제였으니 극적인 상황을 수없이 겪었을 것이고, 일부는 상당히 끔찍하고 괴로웠을 것이다. 마르쿠스 아우렐리우스는 통치 기간(서기 161~180년) 동안 로마-파르티아 전쟁[**]과

[**] 서기 161~166년 카스피해 동남쪽의 고대 국가 파르티아와 로마 제국이 아르메니아와 상메소포타미아를 두고 벌인 전쟁.

마르코만니 전쟁*을 치렀고 로마제국 국경에 영향을 미치기 시작한 게르만족도 상대해야 했다. 팍스 로마나Pax Romana 후기의 황제였던 그는 병들어 가는 제국의 여러 문제를 목격했을 테지만 멈추지 않았다. 물론 때로는 개인적인 일로 괴롭기도 했을 것이다. 로마제국을 공동 통치했던 루키우스 베루스의 목숨을 앗아간 안토니우스 역병**도 그중 하나였을 테다.

현대 독자들이《명상록》에서 배울 수 있는 한 가지 교훈은 긍정적인 해석이다. 사실 객관적인 사실을 해석하는 능력은 스토아주의자의 삶을 매우 풍성하게 해주는 창조적이고 적극적인 행동이다. 특정한 상황이 일어났을 때 사실을 해석하는 방식은 늘 한 가지 이상이다. 이를테면 컵에 물이 반밖에 없다고 할 수도 있고, 아직 반이나 있다고 할 수도 있다. 늦었다고 한탄할 수도 있

---

* 　서기 166~180년 로마제국이 게르만족계인 마르코만니족, 콰디족, 사르마티아족 등과 벌인 전쟁.
** 　서기 165년에서 180년 사이 로마-파르티아 전쟁 중 로마로 복귀한 군인들로 인해 번진 전염병.

고 오늘이 앞으로 남은 날 중 가장 젊은 날이라고 할 수도 있다. 실제 나이가 몇이든 개인적으로 몇 살이라고 느끼든, 아니면 주변인들이 보는 나이가 몇 살이든 상관없다. 실수를 실패로 받아들여 괴로워할 수도 있고 소중한 배움의 기회로 삼을 수도 있다. 10점 만점에 10점을 받는 것도 좋지만 그러면 앞으로 발전할 여지가 없다는 뜻이 될 수도 있다. 그러므로 10점 만점에 3점 정도로 낮은 점수를 받으면 호탕하게 웃으면서 드디어 발전할 기회가 왔다고 말하면 된다. 주변 사람들이 나를 인정하지 않으면 당연히 실망스러울 것이다. 하지만 스스로 자신이 제법 독특하다는 신호로 받아들일 수도 있다.

사실 AI가 인간 행동의 데이터베이스를 토대로 통계를 내고, 수도꼭지를 틀면 물이 나오듯 손쉽게 최적의 중용을 제시하는 이 시대에 유일무이한 사람이 되는 것은 커다란 장점이다. 한때는 모범적인 학창 시절을 보내는 게 성공적인 경력을 쌓는 조건이었지만 이제 모범생이 되면 상품으로 전락해 AI와 승산 없는 싸움을 벌여야 한다. 요즘은 대중과 동떨어진 괴짜나 별종이 더 성공할 수 있다. 물론 세상 사는 지혜가 조금 있어야 하고 스토아철학의 도움도 받아야 하겠지만 말이다. 이런 상황에서 스토아철학자처럼 삶을 해석한다면 판을 완전히 뒤바꿔 평범한 개인적 특성을 대단한 자질로 만들 수 있다. 실제로 앞으로는 개인의 독특함이라는 돌을 모두 황금 같은 귀한 자질로 바꾸기 위해 스토아철학이 필요할 가능성도 있다.

현상을 재해석하거나 재평가하는 능력은 긍정적이고 적극적인 관점으로 세상을 살아가는 데 분명 도움이 된다. 어떤 일이 일어날 때, 그 일은 해석에 따라 희극이 될 수도 있고 비극이 될 수도 있으며 둘 다가 될 수도 있다. 어쩌면 로미오와 줄리엣의 문제도 그런 것이었을 수 있다. 어린 연인의 부모들에게 자녀의 결정을 스토아적 관점으로 볼 지혜가 있었다면, 그래서 상황을 긍정적으로 해석했다면, 다시 말해 두 사람의 로맨스를 두 가문을 이어줄 기회로 봤다면, 이 커플은 행복한 노년을 맞이할 수도 있었을 것이다. 어쩌면 이 부모들이 《명상록》을 읽었다면 좋았을 것이다.

적대적인 환경을 긍정적인 방향으로 해석하면 삶의 강인함과 창조성을 키울 수 있다. 일본의 애니메이션은 현재 세계적인 명성을 얻고 있지만 처음부터 그렇지는 않았다. 디즈니와 비교할 때 일본 애니메이션의 초기 제작자들은 재정적 자원도 인적 자원도 없었다. 특히 예산이 부족해서 초당 프레임 수가 더 적었다. 하지만 이런 열악한 환경에서 나타난 독창성이 일본 애니메이션 장르만의 독특한 예술적 표현을 이끌었다. 이 모든 일이 스토아적 정신에서 출발했다.

〈슈퍼 마리오〉라는 비디오 게임으로 유명한 닌텐도는 처음에는 일본의 전통 카드 '하나후다'를 만들었고, 이후 디즈니 캐릭터가 등장하는 서양식 카드를 생산했다. 그러다 이 시장의 성장 가능성이 거의 없어지자 닌텐도의 3대 회장 야마우치 히로시는 회사를 비디오게임 프랜차이즈로 바꾸기로 했다. 그 이후에는 모두 아는 역사가 됐다. 기업을 둘러싼 제약 속에서 극적으로 방향을 전환한 것은 진정한 스토아 정신을 보여준다. 심지어 하늘에 운을 맡긴다는 '닌텐도任天堂'라는 기업명도 스토아철학과 잘 어울린다.

앞으로 살펴보겠지만 스토아철학의 중심 주제는 인생의 사건들에 반응하는 방식에 관한 것들이다. 앞서 논의했듯이 현대사회에서는 절대 결과를 확실히 알 수 없다. 사실 우리가 일상에서 마주하는 유일한 확실성은 불확실성뿐이다. 이 시대는 AI로 인해 일상과 직업과 사회 구조를 둘러싼 상황을 다루기가 점점 더 힘들어지고 있다. 또 경제와 문화가 세계화되면서 모든 것이 점점 더 가까이 연결됨에 따라 익숙한 환경에 편안히 안주하기가 어려워졌다. 우리에게 일어나는 일을 해석하는 일이 모두의 복잡하고 다층적인 임무가 됐다.

하지만 다행히 우리 뇌는, 놀라움에 반응할 때 그렇듯 생존에 도움이 되도록 구성되어 있다. 인지적 재해석cognitive reappraisal이란 앞이마엽겉질이 다른 뇌 영역과 함께 우리에게 일어나는 일을 해석하는 놀라운 기능이다. 앞이마엽겉질이 삶에서 일어나는 사건을 다른 서사적 버전으로 처리하면 우리는 부정적인 감정을 줄이고 감정 중추인 편도체의 활성을 낮출 수 있다. 구체적으로 어떻게 해야 할까? 예를 들어 누군가가 우리에 대해 부정적으로 말할 때 그 말을 기분 나쁘게 받아들이기 전에 그 사람이 혹시 불안함을 느끼진 않았는지, 혹은 그런 태도를 부른 다른 상황이 있지는 않았는지 생각해 볼 수 있다. 다툼이 고조될 때는 부정적인 감정이 일어나는 것에 집중하지 않고, 합리적인 결론에 도달하도록 아이디어를 주고받아서 얻을 이점을 생각해 볼 수 있다. 따라서 뇌의 앞이마엽겉질이 실행하는 인지적 재해석은 인간이 수행할 수 있는 최선의 방식으로 정서적 반응이 일어나도록 조절해 감정을 간소화하는 데 도움을 준다.

해석이라는 과제는 외부 사건뿐 아니라 내면의 감정에도 적용되는데, 이 또한 마르쿠스 아우렐리우스가 방법을 보여주고 있다. 《명상록》의 책장을 넘기다 보면 스토아철학자이자 황제였던 아우렐리우스가 감정이 없는 사람도 아니고 감정을 억누른 사람도 아니었음이 명확해진다. 그는 오히려 그런 감정을 해석할 줄 알았다. 사실 마르쿠스 아우렐리우스는 삶이 던지는 적대적 사건에 따른 감정을 해석하는 데 뛰어났다. 앞 장에서 이야기했듯 감정이 삶의 불확실성에 대한 자연스러운 반응이어서 우리가 환영하고 수용해야 하는 것이라면, 스토아철학은 사건과 그에 따라 일어나는 개인의 감정 및 감각적 즐거움까지도 역동적으로 해석하는 과정이다.

삶에는 해석을 통해 부정적인 감정을 긍정적인 관점으로 바꿀 수 있는 경우가 너무도 많다. 예를 들어 어떤 사람의 성공에 질투를 느낄 수 있다. 질투심에 사로잡혀 그 사람을 비난하거나 그의 성공이 아무 가치도 없다고 단언할 수 있다. 《이솝 우화》의 〈여우와 포도〉 이야기가 이런 마음을 보여준다. 이렇게 열등감이 심해지면 상황을 명확하게 볼 수 없다. 자신과 타인에 대해 공정한 판단을 내릴 수 없게 되고 그러면 삶은 대개 내리막길을 걷는다.

질투가 얼마나 해로운지 알면 본능적으로 그런 마음을 억누르거나 아예 비교하지 않으려는 욕망이 일어날 것이다. 하지만 인지적 재해석을 적용하는 법을 알면 감정을 억누르지 않아도 된다. 대신 질투심이라는 감정이 목표를 탐색하는 기회가 되어준다고 해석할 수 있다.

우리의 목표는 질투의 대상이 이룬 것과 똑같은 성취는 아니다. 그저 비슷한 사회적 결과를 얻거나 비슷한 목표를 달성하는 것일 수도 있다. 하지만 그 사람의 성공에 우리가 성취하고자 하는 요소가 있음을 깨닫는다면, 질투심에 사로잡혀 비아냥대며 헐뜯는 대신 목표를 이루기 위한 노력을 기울이게 된다.

　게다가 성공한 사람과 가까운 사이라면 더 좋다. 물론 가까운 사람이 눈부신 성공을 거두면 자괴감이 들 수 있다. 하지만 그 인맥 덕분에 더 좋은 기회가 올 수도 있지 않은가? 성공한 사람을 통해 중요한 사람을 알게 될 수도 있고, 가까이에서 성공에 도움이 되는 마음가짐, 행동 패턴, 생활 방식을 배울 수도 있다. 영향력 있는 사람들이 참석하는 파티에 초대받거나 귀중한 선물을 받을 수도 있고, 중요한 인연을 맺을 수도 있다. 따라서 가까운 사람이 성공하면 잃을 것은 전혀 없고 얻을 것만 있다. 질투심만 극복한다면 속상하기보다 기쁜 일이 많을 것이다.

　내가 여기에서 논의하는 감정 재해석이 진실성을

유지하는 방법인 것에 주목하자. 질투심이 들면 다소 속이 상하고 순간적으로 자신이 아닌 사람이 된다. 스토아철학에서 볼 때 두려움, 불안, 분노, 악의 같은 감정이 문제가 되는 것은 그 사람의 진실성이 깨지기 때문이다. 인간의 앞이마엽겉질은 인지적 판단을 효율화함으로써 진정한 자기 자신으로 돌아가는 길을 찾도록 도와준다. 일어난 일과 일어나고 있는 일을 이해하고 결국 원래의 자신, 즉 더 나은 사람으로 돌아가라는 것이다. 사실 뇌의 앞이마엽겉질은 스토아철학이 사는 자리라고 할 수 있다.

우리가 경로에서 이탈하는 것이 부정적인 감정 때문만은 아니다. 즐거움, 환희, 호기심, 만족감, 경이로움, 심지어 경외감 같은 긍정적인 감정을 경험할 때도 형편없는 일이 일어날 수 있다는 사실을 수많은 일화가 뒷받침한다. 사람들은 성공이 정점에 달할 때나 행복하고 즐거운 순간에 종종 다투고 들이받고 논쟁하고 반목하고 심지어 사이가 틀어지기도 한다. 일례로 성취를 자랑하면 가까운 사람조차 소외감을 느낄 수 있다. 언뜻 보면 이상한 현상이지만 사람들이 극단적으로 긍정적인 감정을 경험할 때도 진실성을 잃는 경향이 있다는 점을 깨달으면 이해할 수 있다. 그런 사람들은 자신을 잊고 다른 사람들을 제대로 대하지 않으며 순간적으로 이기심을 보인다. 진실성을 잃으면 축하할 일도 끔찍한 악몽이 될 수 있다. 스토아철학은 내면의 진실성을 유지하며 영혼의 형태를 명확하게 보는 것이다.

사람들은 종종 대리 목표를 자신의 진짜 목표로 오해하곤 한다. 현대인에게 대단히 큰 영향을 미치는 대리 목표란 사회의 기대에 따라 실용적인 목적에서 마지못해 설정된 목표를 말한다. 예를 들어 많은 사람이 성공을 돈과 동일시한다. 하지만 실제로 돈이 참 좋은 물질이긴 해도 궁극적이거나 가장 본질적인 삶의 목표는 아니다. 돈이 많아도 비참할 정도로 불행한 삶을 얼마든지 상상할 수 있다. 성공도 마찬가지다. 직업적으로 성공하는 것은 좋은 일이다. 하지만 성공은 혼란이나 부조화를 일으킬 수 있고 심지어 자아를 파괴할 수도 있다. 많은 사람이 사회적 지위를 얻으려고 분투하지만, 목표를 이루면 곧 무지개 끝에 황금 항아리는 없다는 것을 발견한다. 삶에는 돈, 성공, 지위, 명성 같은 많은 대리 목표가 있지만 이런 목표를 이룬다고 반드시 행복하지는 않다. 더욱이 대리 목표를 이루려고 노력하다가 내면의 진실성이 파괴되고 영혼이 무너질 수 있다. 《명상록》을 읽어보면 정확히 그렇게 적지는 않았지만 마르쿠스 아우렐리우스는 대리 목표의 부질없음과 내면의 진실성을 파괴하는 위험에 대해 아주 잘 알고 있었다.

이럴 때 필요한 것은 자기만의 '삶의 이유'이다. 삶을 풍요롭게 하는 수단을 추구하는 게 아니라 '삶' 자체를 삶의 목표로 추구해야 한다. 이는 아침에 마시는 커피 한 잔처럼 작은 목표일 수도 있고, 직업적으로 성취하고 싶은 위대한 목표일 수도 있다. 나는 개인적으로 작은 목표도 있고 큰 목표도 있다. 작은 목표는 나비다. 나는 일본 도쿄에 살고 있는데, 아침에 운동하러 나가면 심장이 춤을 추기 시작하고, 공원에서 날아다니는 나비를 보면 큰 기쁨을 느낀다. 이렇게 나비를 만나는 순간이(카오스 이론의 '나비 효과'와 반대로!) 내게는 무척 소중하다. 이제는 나비에 관심 있는 사람이 많지 않다. 심지어 나비와 나방을 구별하지 못하는 사람도 많지만, 괜찮다. 저마다 자신만의 독특한 목표가 있기 때문이다.

큰 목표는 뇌 활동에서 어떻게 의식이 생겨나는지 이해하는 것이다. 나는 31세에 도쿄에서 기차를 타고 가면서 내 의식 경험이 감각의 성질을 뜻하는 감각질$_{qualia}$로 이루어져 있다는 것을 깨달았다. 그 이후로 의식의 수수께끼를 이해하는 것이 가장 큰 목표가 되었다. 비록 지금까지 성공하지는 못했지만 말이다.

사소한 것부터 대단한 것, 사적인 것부터 공적인 것, 내 경우처럼 나비에서 감각질에 이르는 폭넓은 목표가 있을 때 우리 삶은 진실성으로 채워질 것이다. 그리고 우리가 사는 세상이 엄청난 사회적 변화를 겪고 있는 지금을 긍정적으로 해석하고, 감정을 재평가하고, 개인적 진실성을 유지하는 행위는 그 어느 때보다 중요해질 것이다.

5장

할 수 있는 만큼만, 그러나 최선을 다해서

스토아학파의 핵심 원리 중 하나는 자신을 온전히 받아들이는 것이다. 그렇다고 체념하고 순응하거나 운명론에 빠져 삶의 희망을 포기하라는 말이 아니다. 자신의 특이한 면을 인정하고 받아들이는 일은 삶을 주도적이고 창의적으로 이끌어가는 능동적인 과정이다. 더욱이 우리는 그 과정에서 더 나은 사람이 될 수도 있다. 이는 현상 유지에 그치는 것과는 전혀 다르다.

마르쿠스 아우렐리우스는 《명상록》에서 자기 이

해와 자기 수용에 대해 반복적으로 이야기했다. 스토아 학파의 아버지인 소크라테스 역시 소크라테스식 문답법에서 원래 고대 그리스의 아폴로 신전에 새겨져 있던 "너 자신을 알라"라는 철학적 격언을 강조했다. 소크라테스는 생의 마지막 날까지 자신을 아는 데 전념했다고 할 수 있다.

DEI, 즉 다양성diversity, 평등equity, 포용inclusion을 강조하는 오늘날의 문화에서 자신의 독특한 조건을 받아들이라는 말은 깊이 고민할 가치도 없을 만큼 진부하게 들린다. 그러나 사실 개인적인 상황 차이는 인생에서 가장 지나치기 쉬운 진실 중 하나다. 우리는 사람들의 몸과 마음이 우리와 얼마나 다른지 깨닫지 못할 때가 많다. 수백만 명의 사람에게는 말 그대로 수백만 가지 조건이 있을 수 있다. 사람들은 여러 목표를 자기만의 방식으로 추구하도록 타고났으며, 그 과정에서 고유한 어려움을 겪는다. 우리 시대의 인기 있는 오락거리이자 여가 활동인 스포츠만 봐도 이 점을 알 수 있다.

스포츠는 스토아철학의 실천을 볼 수 있는 완벽한

플랫폼이다. 실제로 미식축구 선수부터 야구 선수, 육상 선수, 수영 선수에 이르기까지 많은 프로 운동선수가 스토아철학을 실천하는 것으로 알려져 있다. 사실 인간이 높은 수준의 탁월함을 달성하려면 고난을 극복하는 스토아철학적 능력이 필요하다. 나도 동의하지만 약간 다른 스토아철학적 관점으로 보자면, 탁월함을 달성하려면 몸과 마음을 주어진 조건에 맞춰 효율적으로 활용해야 한다. 여기서 스토아철학은 한 사람의 독특한 몸과 마음의 조건 그리고 외부에서 요구하는 최고의 성과를 정렬하는 것이다.

올림픽을 살펴보자. 고대 올림픽은 기원전 776년 고대 그리스에서 처음 개최되어 서기 393년까지 1100년 넘게 이어졌다. 선수들은 달리기, 격투기, 원반던지기, 창던지기, 멀리뛰기, 승마, 전차 경주 등 다양한 종목에 출전했다. 이런 종목에서 경쟁하는 선수들의 익숙한 이미지는 고대 그리스의 조각상과 그림에서 볼 수 있듯 완벽한 몸이라는 개념을 떠올리게 한다. 실제로 1896년 부활한 근대 올림픽에서도 근대 5종 경기는 여전히 모든 경기에서 뛰어난 기량을 발휘한다는 이상적인 운동선수의 신체상을 보여준다. 어쩌면 우리는 여러 분야에 박식한 르네상스형 인간처럼 스포츠에도 모든 경기에 뛰어난 사람이 있다는 가정을 하는 것 같다. 사실 이런 가정은 진실과 아주 거리가 멀다.

올림픽은 독특하게도 참가 선수들이 모두 올림픽 선수촌에서 묵는다. 다른 국제 대회에서는 선수들이 경기가 열리는 지역에 도착해 각자 호텔에 머문다. 그들 중 상당수는 부유하고, 든든한 후원사가 있으며, 고급 호텔에 묵고, 단계마다 헌신적으로 도와주는 스태프들이 있다. 이와는 대조적으로 올림픽 선수촌의 환대는 일정 수준 이상이기는 해도 꽤 소박하며 과하지 않다. 모두 똑같은 방에서 똑같은 침대를 쓰고 똑같은 음식을 먹는다. 세계 정상의 테니스 선수나 메이저리그 야구 선수라고 해도 그다지 주목받지 못하는 대회의 선수들과 동등한 대접을 받는다. 올림픽 선수촌에서는 올림픽 운동의 이상적이고 훌륭한 스토아적 이념 덕에 모든 선수가 같은 배를 탄다.

올림픽 경기가 스토아학파의 사상과 마찬가지로 고대 그리스에서 기원했다는 사실을 고려할 때 올림픽 선수촌이 마찬가지로 스토아적으로 운영되어야 한다는 주장은 적절해 보인다. 고대 올림픽의 연대표와 소크라테스의 생애(기원전 470~399년)를 고려하면, 이 그리스 철학자 역시 4년마다 열리는 스포츠 축제에 익숙했을 가능성이 높다. 마르쿠스 아우렐리우스가 고대 올림픽에 출전했는지는 알 수 없지만, 그는 권투와 격투기 같은 스포츠에 관심이 있었고 훈련도 했다. 또 다른 로마 황제 네로는 올림픽에서 메달도 받았다. 따라서 고대 올림픽과 스토아철학을 연관 짓는 것은 적절하다.

하지만 일본 허들 선수로 올림픽에 출전했고, 세계 육상선수권대회에서도 두 번이나 동메달을 딴 내 친구 다메스에 다이為末大에 따르면, 올림픽 선수촌에는 더 깊은 스토아적 특성이 흐른다. 다메스에가 볼 때 올림픽 선수촌에 모인 선수들의 가장 놀라운 점은 온갖 다양한 신체 조건을 지닌 온갖 다양한 선수가 경쟁한다는 사실이다. 초기 올림픽 선수들이 그려진 고대 그리스 조각상을 보면 모든 경기를 잘할 수 있는 완벽한 신체 조건이 있을 것 같지만 현실은 전혀 그렇지 않다. 한 선수에게 요구되는 최적의 신체 조건이란 종목의 성격에 따라 놀라울 정도로 달라진다. 사실 애초에 '이상적' 신체라는 단일 형태가 있는지조차 논란거리다. 단거리 주자는 장거리 주자와 체형이 다르다. 뛰어난 창던지기 선수의 몸은 농구 선수나 수영 선수와는 다르다. 역도 선수와 유도 선수는 신체 조건이 어느 정도 비슷할 수 있지만, 최고 수준에서 경쟁할 때 결정적인 역할을 하는 미묘하고 중요한 차이가 있을 것이다. 다메스에는 올림픽 선수촌에 가면 신체 유형의 다양성을 진정으로 기념하는 모습을 볼 수 있다고 말한다.

다메스에 자신도 각 종목에 필요한 다양한 신체 조건과 자신만의 독특한 신체 조건을 포용하는 스토아철학과 관련해 괴로우면서도 동시에 영광스러운 개인적인 경험이 있다. 그는 젊을 때는 100미터 경기를 뛰었다. 10대 초반에는 기록이 점점 좋아지면서 특정 구간에서는 우사인 볼트가 그 나이일 때보다 더 빨리 뛸 정도였다. 하지만 자라면서 속도가 느려지기 시작했다. 엄청난 노력을 기울여도 나아지지 않았다. 그때 그는 400미터 허들로 종목을 바꿔 국제 대회에서 우승할 수 있는 현실적인 기회를 잡기로 했다.

다메스에에 따르면 100미터 달리기에서 우승하는 데 필요한 특정 신체 조건이 있다. 이 조건이 무엇인지 아직 과학적으로 증명되지는 않았지만 다메스에 같은 최상위 운동선수들은 경험을 통해 직감적으로 알고 있는 듯하다. "발꿈치 모양, 관절의 유연성, 허벅지 길이가 중요하지. 100미터 달리기에서 우승하려면 그에 딱 맞는 체형을 갖춰야 해."

다메스에의 관찰은 타고난 것과 노력을 통해 습득한 것 사이의 관계를 조명한다. 무엇이든 원하는 대로 될 수 있지만 그에 따라 엄청난 노력을 기울여야 한다는 말은 듣기에는 무척 멋지지만, 동시에 우리는 현실을 직시해야 한다. 이것이 마르쿠스 아우렐리우스의 글에 나타난 스토아철학의 정신이다. 스토아주의자라면 대담하게 가능성을 추구하되 그 과정에서 발생할 수 있는 한계도 염두에 두어야 한다.

여기서 중요한 점은 열심히 노력하지 않으면 한계를 알 수 없다는 사실이다. 내 말은 '아주' 열심히 노력해야 한다는 말이다. 다메스에는 100미터 달리기에서 죽을힘을 다해 노력한 '후에야' 자신의 한계를 깨달았다. 그는 자신의 체형에 한계가 있을지 모른다는 것을 알고 있었지만, 현재의 스포츠 과학으로는 자신의 한계까지 도전해 보지 않고서는 유전적으로 또는 신체적으로 특정한 도전에 적합한 체질인지 아무도 확신할 수 없다. 아직까지 한 선수가 특정한 임무에 적합한지 알려주는 테스트는 없다. 오직 경험만이 이를 보여준다.

개인의 고유한 한계 때문에 생기는 어려움은 신체 활동뿐 아니라 정신 활동에서도 나타난다. 우리는 저마다 고유한 어려움을 겪는다. 어떤 사람은 이 일에 능하고 어떤 사람은 저 일에 탁월하다. 인생은 시행착오를 통해 자신만의 구성을 발견하는 과정이다. 그렇게 해도 우리가 적합한지 아닌지 알 수 없다. 때로는 인생의 마지막 날까지도 알 수 없다.

개인의 고유한 장단점을 한데 묶으면 흥미롭다. 알베르트 아인슈타인조차 자신의 수학을 형편없다고 기억한 것은 유명하다. 그는 어떤 수학 분야를 탐구해야 할지 직관적으로는 모르겠다고 고백하면서 자신을 유명한 우화 '뷔리당의 당나귀'에 비유했다. 이 당나귀는 똑같이 구미가 당기는 건초와 물 사이에서 어느 쪽을 택할지 망설이다가 결국 배고픔과 갈증으로 죽는다.

물론 아인슈타인은 평범한 사람들에 비해 수학을 다루는 능력이 특별했다. 그렇지 않았다면 텐서 미적분학tensor calculus*과 비유클리드 기하학**을 통달해야 하는 일반상대성이론을 개발할 수 있었겠는가? 아마 아인슈타인은 물리학에 대한 뛰어난 직관으로 세상을 바꾸는 발견을 해낸 천재성에 비하면 자신의 순수 수학 능력은 부족했다고 말하고 싶었을 것이다. 100미터 달리기에서 400미터 허들로 방향을 바꾼 다메스에처럼, 아인슈타인

---

* 벡터장을 다루는 벡터 미적분학을 텐서장으로 확장한 미적분학.

** 유클리드 기하학의 제5 공리가 성립하지 않는 공간을 다루는 기하학.

도 순수 수학에서 능력을 키우려고 애쓰지 않고 물리학에 집중한 결과 $E=mc^2$라는 유명한 방정식을 발견해 세상을 보는 관점을 기존의 인식 너머로 확장했다.

우리는 모두 어떤 면에서는 우수하고 어떤 면에서는 한계가 있다. 우리의 독특함은 재능에서 오는 게 아니라(다른 사람도 그런 재능이 있을 수 있다) 재능과 단점의 조합에서 나온다. 이 세상에서 성공하려면 자신을 명확하게 봐야 한다. 이 작업, 즉 자신의 한계를 인정하고 그러면서도 그 안에서 최선을 다하는 것은 매우 스토아적인 일이다. 완벽한 그리스인의 신체나 그에 상응하는 정신적 완벽함이라는 신기루를 좇아서는 안 된다. 스토아철학은 자신의 고유한 조건에 따라 무엇을 할지 선택하는 것이다.

현대사회에서 스토아철학의 이미지는 종종 금욕주의와 연관된다. 심지어 단조로운 규율만을 중시한다고 여겨지기도 한다. '스토아철학'이라는 단어를 들으면 보통 독특한 특징이 다채롭게 펼쳐진 광경을 떠올리기보다는 검은색, 흰색, 회색으로 이루어진 세상을 연상한다. 하지만 스토아철학이 자신의 특이성을 인정하는 것이라면, 어떤 방식으로 노력해야 하는지는 사람마다 크게 달라진다. 이런 의미에서 우리는 자신만의 방식으로 스토아철학자가 될 수 있으며, 그렇게 함으로써 삶의 다양성을 기념할 수 있다. 스토아철학은 오늘날 널리 퍼진 금욕주의라는 단조로운 이미지와는 매우 다르며 스토아철학에 맞춰 사는 법 또한 수없이 많다.

나는 자폐성 서번트증후군이 있는 킴 피크Kim Peek를 인터뷰하는 귀하고 즐거운 기회를 얻은 적이 있다. 영화 〈레인 맨〉에서 더스틴 호프먼이 연기한 인물에게 영감을 준 사람인 그는 인터뷰를 위해 아버지 프랜 피크Fran Peek와 함께 나를 만났다. 킴은 놀라운 암기력으로 유명하다. 실제로 그는 한 번 배운 것은 절대 잊지 않았다. 킴이 어릴 때 아버지는 집에 있는 책 몇 권이 뒤집혀 있는 모습을 발견했다. 무슨 일인가 싶어 알아보자 킴이 '스캔'을 끝낸 책들이었다. 킴은 태어날 때부터 뇌의 우반구와 좌반구를 연결하는 뇌들보corpus callosum가 없었다. 그래서 왼쪽 페이지와 오른쪽 페이지를 동시에 훑어

볼 수 있었다. 그리고 한 번 훑어본 내용은 모든 세부 사항을 하나도 틀리지 않고 그대로 기억했다. 〈레인 맨〉에서 묘사한 놀라운 능력이다.

킴의 기억력은 실로 흥미로웠다. 킴에게 한 가지를 물어보면 기억이 연쇄 반응을 일으켜 그는 계속 중얼거리며 놀라운 속도로 모든 것을 언급했다. 예를 들어 전 뉴욕 양키스 선수에 대해 질문하면, 그 선수에 대한 흥미로운 정보를 이야기한 후 뉴욕을 언급하면서 '빅 애플Big Apple'이라는 별명을 덧붙였다. 다음에는 사과 품종인 그래니스미스Granny Smith가 호주에서 왔다고 말하며 코알라 이야기로 넘어갔다. 킴이 대답을 통제할 수 없다는 사실도 분명했지만, 기억의 연쇄 반응은 상상과 예측을 넘어 순식간에 사방으로 뻗어나갔다. 신체 움직임 또한 전형적이지 않아서 한순간도 가만히 있지 않고 끊임없이 이리저리 움직였다.

아버지인 프랜은 킴을 데리고 시내에 갈 때마다 오스카 트로피를 들고 다녔다. 킴이 식당에서 일반적이지 않은 행동으로 주위 손님들의 관심을 끌면 프랜은 오스카 트로피를 들어 보이며 아들을 모델로 한 영화 〈레인 맨〉이 아카데미 최우수 각본상을 받았다고 자랑스럽게 설명했다. 그러면 사람들도 즉시 이해했다. 이 트로피는 영화의 각본을 공동 저술한 로널드 배스와 배리 모로가 받아서 프랜에게 선물한 것이다. 프랜은 두 사람의 오스카 트로피가 다른 어떤 트로피보다 더 많은 사람의 손을 거쳤을 거라고 말했다.

킴의 이야기는 스토아철학의 또 다른 요소 한 가지를 입증한다. 킴의 독특한 개성이 꽃필 수 있었던 것은 분명 아버지의 사랑과 헌신 덕분이었다. 삶의 다양성을 추구하려면 때로는 협력하고 때로는 서로 도와야 한다. 스토아철학은 개인이 고독하게 실천하는 원칙이 아니라 다른 사람의 독특함과 조화를 이루도록 돕는 요소가 될 수도 있다.

스토아철학에서 우리의 독특한 자질을 존중하는 것은 삶의 다양성을 전반적으로 축하하는 방법이다. 관점을 인간이 아닌 다른 종으로 확장하면 지렁이에서 이국적인 새까지, 미생물에서 대왕고래까지 각 생물종은 모두 나름대로 스토아적이다. 스토아철학의 핵심은 지구상의 생명체들이 진화하는 다양한 방식에 있을 수도 있다. 지구의 생태계에 다양한 종이 존재하는 이유는 각자가 환경에서 차지하는 자신의 위치를 알고 이를 넘어서지 않기 때문이다. 생태계 안에서 조화롭게 공존하려면 신체 기능, 에너지, 운동 같은 자원을 현명하게 사용해야 한다. 이런 의미에서 자신의 조건을 받아들이고 세상에 대한 자신만의 기여를 인정하는 일이야말로 스토아적 삶의 방식을 실천하는 것이다.

　모든 스포츠에 완벽한 체형은 없다. 지능, 성격, 개성도 마찬가지다. 삶에는 모든 사람에게 딱 맞는 해답이 없다. 스토아철학자가 된다는 것은 조건에 자신을 맞추고 다른 사람들도 그렇게 하도록 용인한다는 뜻이다. 그렇게 할 때 우리는 생명의 다양성을 기념할 수 있다. 찰스 다윈은《종의 기원》마지막 문단에서 세상의 "가장 아름답고 가장 경이로운 무한한 형태"에 대한 감동적인 글을 썼다. 이 글은 스토아철학 선언문이 될 수도 있다. 이 세상은 가장 아름답고 가장 경이로운 스토아적 형태들로 가득하다. 실제로 《종의 기원》은 고대 소크라테스 시대부터 스토아철학의 불꽃을 이어온 수많은 작품 중 가장 본질적인 작품으로 보아도 무방하다.

6장

일상에 숨은 기쁨이 오늘을 살게 한다

일본의 옛 수도 교토에서 물리학자 로저 펜로즈Roger Penrose를 저녁 식사에 초대하는 영광을 누린 일이 있다 (그는 이후 2020년 '블랙홀 형성이 일반상대성이론을 강력하게 예측한다는 사실을 발견'한 공로로 노벨 물리학상을 받았다). 케임브리지대학교에서 박사후연구원을 하던 시절 알게 된 펜로즈가 교토국제회관에 강연하러 왔을 때였다. 나는 그에게 '가이세키' 요리를 대접했다. 일본의 '가이세키' 요리는 자연에서 얻은 재료를 대단히 아름답게 활용하는 것으로 유명하다. 보통 여러 코스로 구성된 식사에서 손님은 신선한 생선부터 완벽하게 익은 과일에 이르기까지 30여 가지의 다양한 진미를 맛본다. 자연에서 찾을 수 있는 다양성을 축하하는 한 상이라고 할 수 있다. 그날 저녁 우리는 기하학, 중력, 의식 등 다양한 이야기를 나누었지만 당연히 '가이세키' 요리가 주는 순수한 즐거움도 이야기했다. 동료가 눈앞에 놓인 다양한 재료 앞에서 눈을 반짝이는 모습은 보는 것은 크나큰 기쁨이자 보람이었다. 적어도 그날 저녁에 로저 펜로즈의 관심을 빨아들이는 블랙홀은 '가이세키'였다.

오늘날 전 세계의 많은 요리사가 '가이세키'를 매우 세련된 요리로 여긴다. 그래서 이 음식이 스토아철학의 소박한 정신에 맞지 않게 화려하다고 여길 수 있지만, 이는 진실과 거리가 멀다. 사실 '가이세키'는 자연의 모든 재료를 감사하게 받아들인다는 점에서 스토아철학의 정수라고 할 수 있다. 가장 신선한 재료를 준비하고 최소한의 양념과 소스를 사용해 요리해야 하는 요리사에게 자만심은 존재하지 않는다. 또한 특정한 재료를 얻기 위해서는 독창성과 노력이 필요하다. 그중에는 아주 귀한 재료도 있을 것이다. 하지만 귀하거나 비싼 재료를 사용하면 일부 경솔한 손님들이야 호들갑을 떨겠지만 그것은 중요하지 않다. 사실 제철 재료는 첫물과 끝물에 비해 가격이 적당하다. '가이세키'를 준비하는 요리사는 늘 감사와 겸손, 그리고 덧붙이자면 경이로움으로 음식을 대한다.

'가이세키'의 가장 중요한 특징은 계절의 변화가 주는 한계를 받아들인다는 것이다. 자연에서 재료를 얻기 위해 먼 곳까지 찾아다닐 수는 있지만 계절의 흐름에 따라 자연이 정한 범위에서 벗어나서는 안 된다. '가이세키' 요리사는 과감하게 감각을 탐험해야 하지만, 그 시기의 자연이 제공하는 재료에 맞춰서만 그렇게 할 수 있다. '가이세키'는 이렇게 스토아철학자가 되면서도 동시에 삶이라는 이 극장에서 우리를 찾아오는 감각적 기쁨을 즐기는 법을 알려준다.

'가이세키'의 감각적 즐거움은 인류가 앞으로 채택할 수 있는 스토아철학에 대한 멋진 은유이기도 하다.

우리는 사치를 부릴 필요는 없지만 오감을 통해 생명의 다양성을 즐기고, 그에 감사하고 축하할 수 있다. 광범위한 감각적 즐거움에 몰입할 수 있고, 지금 이 순간의 한계 안에서 만족할 수 있다. 존재의 한계를 받아들일 때 삶은 감각질의 축복이 된다. 감각질은 의식적 경험에서 나타나는 특징인데, 여기서는 붉은색의 붉음, 물의 시원함, 장미의 향기 같은 성질이다. 감각질은 수와 식처럼 과학에서 사용하는 기존의 방식으로는 완전히 설명할 수 없다. 감각질로 가득한 의식이 뇌의 신경 활동에서 발생하는 과정을 이해하는 일은 과학에서 가장 어려운 문제 가운데 하나로 여겨진다.

이렇듯 감각을 통해 생명을 기념한다는 점에서 스토아철학은 이념이나 정치를 벗어나며, 인간적 상황과 사회적 맥락 전반에 적용이 가능하다. 실제로 스토아철학은 어느 나라에서 어떤 상황을 겪으며 사는 사람이든 관계없이 깊이 적용할 수 있는 강력한 원칙이다. 하버드대학교의 스티븐 핑커Steven Pinker는 전 세계적으로 점점 더 많은 사람이 빈곤에서 벗어나고 의회민주주의 체제에서 고등교육을 누린다는 사실을 강조하며 낙관적인 세계관을 표현한 바 있다. 이 같은 인류의 진보는 분명 환영할 만한 일이다. 하지만 우리 시대의 필수적인 지혜가 된 스토아철학이 우리에게 선물이라고 할 수 있는 이유는, 어떤 정치 체제 안에서 어떤 문화적 환경에 놓여 있든 누구나 이 원칙을 적용할 수 있다는 것이다. 우리가 처한 특정 상황이 늘 최선은 아닐 수 있지만 그럼에도 스토아철학은 우리가 나아갈 길을 보여준다.

개인 차원에서 보면 누구나 특정한 가정 환경에서 태어난다. 일부는 운이 좋고 일부는 그렇지 않다. 마르쿠스 아우렐리우스는 결국 로마제국의 황제가 되는 환경에서 태어났다. 에픽테토스는 노예로 태어났지만 나중에 자유인이 되었다. 두 사람 모두 스토아철학의 이론이 되는 글을 쓰거나(마르쿠스 아우렐리우스) 다른 사람의 도움으로 글을 남겼다(에픽테토스). 스토아철학이라는 삶의 태도는 믿을 수 없을 정도로 적응력이 뛰어나다. 그리고 언제 어떤 상황에 있든 늘 자신만의 방법을 찾아 그 삶을 헤쳐나갈 수 있다. 이런 점에서 스토아철학은 민주주의, 자유주의, 행복을 합친 것보다 더 광범위하다. 이는 정치적 분열로 가득한 세상에서 매우 중요한 부분이다. 아무리 정당해 보이는 의견이라도 공동체 구성원의 존재를 무시하면서 그에 동조하는 건 스토아적이지 않다(이웃과 소통하고 포용하는 스토아철학자가 되기 위해 소크라테스가 어떻게 살았는지 기억하자). 스토아철학은 사람들의 마음을 사로잡는 어떤 이념보다(이런 이념들은 종종 시간이 지나고 보면 결국 별 소용이 없었던 경우가 많다) 삶 그 자체와 더 잘 정렬한다.

근본적으로 누구도 자연의 법칙을 벗어나 살 수 없으며, 우주의 거대한 행렬에 영향을 받지 않는 사람도 없다. 사실 스토아철학은 결국 우리가 속한 세상의 제약 속에서 어떻게 살 것인지 고민하는 학문이다. AI가 큰 발전을 이루는 시기다 보니 우리는 때로 인간의 능력이 앞으로 크게 향상되어 무한한 일을 할 수 있을 거라는 환상에 빠지기도 한다. 하지만 인간이 모든 한계를 극복할 수 있다고 가정하는 건 세상의 모든 명성과 권력을 누리다가 불멸을 찾아 여행을 떠난 전설 속 인물 길가메시 왕처럼 행동하는 것과 마찬가지다. 길가메시는 결국 목적을 이룰 수 없음을 깨닫고 죽음을 받아들여 우리 모두가 언젠가 그렇게 되듯이 세상을 떠났다.

죽음을 피할 수 없다는 사실을 잠시 잊어버리더라도 우리 인간은 많은 면에서 제약을 받는다. 기억의 구조도 그런 제약 중 하나다. 많은 사람이 기억력이 무한해져서 일을 더 잘하게 돼 충만한 인생을 살고 싶어 한다. 기억은 인간 존재의 중심이고 삶에 대한 우리의 개념 자체가 기억에 의존한다. 이상적으로야 배운 것을 모두 기억하고 삶의 모든 세부 내용을 떠올리는 일이 가능해 매 순간을 언제든 원할 때마다 다시 살고 싶을 수 있다. 하지만 우리는 그런 능력을 지니도록 설계되지 않았다. 나이가 들수록 기억력이 떨어졌다고 한탄하지만 젊은 사람도 기억력은 용량과 유지력 면에서 모두 제약이 따른다. 그래서 우리가 인간인 것이다. 어쩌면 이것이 바로 인간의 본질일 수도 있다.

인간의 기억력을 자세히 살펴보면 병목 현상과 구멍이 너무 많아서 어떻게 문명인으로 살고 있는지 의문이 들 정도다. 우리는 기억 덕분에 자기 자신이 될 수 있다. 일화 기억episodic memory* 능력을 완전히 상실하는 것만큼 끔찍한 일도 없다. 나라는 인간이 누구인지에 대한 감각이 손상되기 때문이다. 인간의 뇌에서 기억을 담당하는 중추인 해마가 손상되거나 관련된 뇌 영역에 장애가 생기면 새로운 기억을 형성하는 능력을 영원히 잃을 수 있다. 그런 일이 일어나면 어떤 일을 경험해도 기억에 남지 않는다. 예를 들어 여행을 가더라도 그곳에서 보고 듣고 먹은 모든 것, 그곳에서 마주친 모든 사람과 뜻밖의 행운까지 시간과 함께 사라져 버린다. 바꿀 수 있는 것도, 되돌릴 수 있는 것도 없다. 알츠하이머병 같은 질병으로 치매를 앓는 많은 사람에게 이런 경험이 점점 더 흔하게 일어나고 있다.

하지만 사실 뇌가 정상적으로 작동한다고 해도 우리는 일어나는 일의 대부분을 잊어버리게 되어 있다. 아무리 잊지 않으려고 애를 써도 소용없다. 여러 뇌과학

---

* 개인이 겪은 특정 상황이나 일화에 대한 기억.

연구에 따르면 우리는 우리가 보는 것을 대부분 기억하지 못한다. 실험을 통해 피험자들이 시각적 장면의 주요한 특징이 바뀐 시점을 인식하지 못한다는 사실이 증명되었다. 예를 들어 지붕이 파란색에서 빨간색으로 바뀌어도 그 부분에 주의를 기울이지 않는 한 어떤 이유에서든 피험자들은 이를 인식하지 못할 가능성이 높다. 흥미롭게도 모든 것을 보고 있다고 생각하느냐는 질문에 피험자들은 그렇다고 대답하는 편이었다. 우리가 경험한다고 믿는 것과 실제로 기억하는 것 사이의 불일치는 인간의 삶에서 풀리지 않는 큰 수수께끼 중 하나다.

우리가 어떻게 의식의 흐름을 따라 살아가는지, 지금 이곳에 어떻게 집중하는지는 스토아철학의 중요한 측면이다. 스토아적 삶에서 기억은 중요한 요소다. 우리가 기억을 통해 과거와 미래에 연결되지 않는다면 삶에는 의미가 없기 때문이다.

20세기의 가장 위대한 소설 중 하나로 널리 인정받는 마르셀 프루스트의 《잃어버린 시간을 찾아서》에서 주인공은 행복하지 않았던 자신의 삶을 돌아본다. 그는 의미를 찾고자 삶에서 무언가를 성취하려 했고, 사회적 지위, 명성, 부, 사랑을 좇았다. 하지만 시도하는 것마다 모두 실망스러웠다. 그러다 마침내 갑자기 찾아온 기억에서 도움을 얻는다. 유명한 이 장면에서 그는 마들렌을 차에 담그고 이 행동과 입에서 경험하는 풍미를 통해 지나온 삶을 줄줄이 회상하기 시작한다. 화자는 성공을 위해 그렇게 노력했지만 겉보기에는 사소해 보이는 경험이 인생의 풍요로운 흐름으로 자신을 데려갈 수 있음을 깨닫는다.

자전적 기억 연구의 선구자인 아메리카 원주민 심리학자 마리골드 린턴Marigold Linton은 프루스트가 묘사한 마들렌 장면처럼 비자발적 기억이 갑작스럽게 부활하는 것을 '소중한 파편precious fragment'이라고 불렀다. 이런 순간은 실제로 의식의 흐름을 따라 살아가는 우리 짧은 삶의 소중한 파편들이며 스토아적 삶에서 기념하는 다양성의 핵심이다.

스토아철학에서 기념하는 삶의 다양성은 사회, 문화, 그리고 무엇보다 인간의 뇌가 우리에게 기억을 선사하는 구조를 비롯한 자연의 한계 안에 존재한다. 이 과정에서 때로는 무분별한 자유가 아닌 절제가 가장 중요하게 보이기도 한다. 이 때문에 스토아주의자가 절제하고 억눌린 듯 보일 수 있지만 실제로 그 사람은 삶의 기쁨을 마음껏 음미하는 중이다. 스토아철학자는 매일 감각적 즐거움에 집중함으로써 더 넓은 생명의 흐름에 발을 맞춘다. 삶은 유한하며, 우리는 모든 것을 기억하지 못한다. 하지만 언제나 현재를 만끽할 수 있으며 그것이야말로 우리가 바라는 최선이다.

7장

창의성은 나를 바꾸는 데서 시작한다

현대사회는 창의성을 다른 어떤 특성보다 가치 있게 여긴다. 실제로 최근 몇 년 동안 창의성에 대한 강조가 새로운 차원에 도달한 듯하다. 창의성을 키우는 교육은 부모와 국가 정책 관련자 모두에게 중요한 우선순위로 여겨진다. 창의성은 확실히 암기 학습이나 시험에서 높은 점수를 받는 것보다 더 가치 있게 평가된다. 대중문화에서 창의적인 사람들은 대단한 존경을 얻고 팝 스타, 예술가, 과학자, 기술자는 창의성을 인정받아 추앙받는다.

창의적인 사람의 대표라고 하면, 1984년 영화 〈아마데우스〉에서 묘사한 볼프강 아마데우스 모차르트 Wolfgang Amadeus Mozart가 떠오를 것이다. 고전이 된 그 영화에서 이 18세기 음악 천재는 충동에 따라 행동하는 짓궂고 장난스러운 인물로 묘사된다. 반면에 그의 경쟁자 안토니오 살리에리Antonio Salieri는 농담을 거의 하지 않거나 즐기지 않는 진지한 사람으로 묘사된다. 그는 모차르트의 활기차고 변덕스러운 행동에 다소 당황하고 불쾌해하는 것으로 그려진다. 영화는 장난기 많은 모차르트는 신성한 창의성을 타고났지만 진지하고 완고한 살리에리는 음악적 재능이 평범함을 넘어서지 못한다는 사실에 초점을 맞춘다.

일부 비평가들은 이 두 음악가에 대한 묘사가 공정하지도 않고 역사적으로 정확하지도 않다고 말한다. 특히 살리에리와 관련해서는 더욱 그렇다. 하지만 영화와 그 바탕이 된 연극이 큰 성공을 거둔 이유는, 창의적인 천재는 장난기 많고 주변 사람들을 괴롭히지만 뛰어난 재능으로 인류에게 공헌하므로 그런 괴팍한 모습도 정당화된다는 우리의 인식에 딱 들어맞았기 때문이다.

좀 더 최근의 예로는 기이한 행동과 예측 불가능한 태도로 주변 사람들을 놀라게 하고 소외시키기도 했지만, 아이폰이라는 스마트폰 시스템 구성을 창조한 스티브 잡스Steve Jobs가 있다. 우리는 창의적인 사람이란 현재의 상태에 도전하며 '틀에 박힌' 생각이나 행동은 거부하는 사람이라고 믿으려고 한다.

그래서 창의성 면에서 스토아철학은 이미지가 그다지 좋지 않다. 쉽게 말해서 균형을 찾고 절제를 실천하는 스토아주의자는 창의적이지 않은 것처럼 보인다. 창의성을 발휘하려면 불꽃 튀는 천재성과 변덕스럽고 충동적인 본성이 있어야 하는데 스토아철학은 그런 특성을 권하지 않는다. 스토아철학자는 일상적인 일을 수행하고 상황을 개선하는 사람이 될 수는 있지만 모차르트처럼 세상을 바꾸는 놀라운 혁신을 내놓을 거라고 기대하기는 힘들다.

결론: 스토아주의자는 창의적이지 않다.

스토아철학은 창의성과 아무 관련이 없다. 끝.

글쎄. 이렇게 성급한 결론은 내리지 말자.

사실 모차르트처럼 창의적인 사람들은 우리가 지금까지 살펴본 이들과 성격이 다르긴 하지만 매우 스토아적이다. 창의적인 천재가 반드시 스토아철학자여야 하는 논리적인 이유가 있다.

종종 다채롭고 별난 성격으로 입에 오르는 몇몇 과학자와 발명가를 예로 들어보자. 알베르트 아인슈타인은 대학교수 중 한 사람을 존중하지 않고 무시하는 태도를 보인 탓에 대학에서 일자리를 얻지 못했다(그는 낮에 특허청에서 일한 후 밤에 독자적으로 연구해 상대성이론을 발견했다). 논란을 몰고 다니는 남아프리카공화국 태생의 기술 공학자 일론 머스크Elon Musk는 페이팔, 테슬라, 스페이스X, 스타링크, 오픈AI뿐 아니라 더 도전적인 뉴럴링크Neuralink, 하이퍼루프HyperLoop, 더보링컴퍼니The Boring Company 같은 벤처기업에도 관여하는 것으로 유명하다. 머스크는 혁신가를 대표하는 이름이자 대중의 의

견을 거의 신경 쓰지 않는 규칙 파괴자가 되었다. 하지만 이 남다른 인물들이 절대적으로 존중하고 준수하는 한 가지가 있으니 바로 물리학 법칙이다. 그냥 일반적인 자연법칙이라고 해도 좋다. 사람들의 의견에 동의하지 않을 수도 있고 인간이 만든 규칙과 요식 행위를 무시할 수도 있지만, 자연의 법칙을 무시할 수는 없다. 아무리 기발한 사람이라도 물리학 법칙을 이길 수는 없다.

예를 들어 외부 동력원 없이도 무한히 작동한다는 영구기관을 만들 수 없다는 사실은 널리 받아들여지고 있다. 열역학 법칙에 어긋나기 때문이다. 영구기관을 만드는 데 성공했거나 기발한 해법을 발견했다는 주장은 많지만 어떤 것도 이 불변의 법칙을 극복할 수 없다.

실현 가능성에 대한 판단이 좀 더 모호한 발명도 있다. 예를 들어 일반상대성이론의 틀 안에서는 언젠가 타임머신을 만들어 시간 여행을 떠나는 것이 가능할 '수도' 있다. 몇 가지 모순이 생길 수는 있겠지만(가장 잘 알려진 모순이라면 자신이 태어나기 전의 과거로 떠나 아버지를 죽이는 것이다), 영구기관과 달리 타임머신이 실제로 불가능한지에 대한 판단은 아직 내려지지 않았다. 다른 도전 과제들 역시 인류 역사에서 볼 때 아직 판단하기 어렵다. 암, 치매, 노화의 치료법이 언젠가 나올지는 명확하지 않다. 많은 과학자가 실온 초전도성과 핵융합 에너지 같은 대담한 프로젝트를 진행했지만 지금껏 성공하지 못했다. 더욱 흥미롭게도 어떤 발명은 예전보다 실현 가능성이 더 낮아 보이기도 한다. 완전 자율주행 자동차, 상용 양자 컴퓨터, 인공일반지능Artificial General Intelligence, AGI 등 일론 머스크 같은 기술 애호가들이 최근 몇 년 동안 추진해 온 가장 눈에 띄는 도전 과제 세 가지를 구현하는 것이 과연 가능할지는 확실하지 않다.

　하지만 한 가지는 확실하다. 이런 과학기술 분야의 도전 과제를 해결하려고 할 때, 관련된 사람들의 성격 특성은 중요하지 않다는 것이다. 예를 들어 상용 양자 컴퓨터 제작은 양자 오류정정quantum error correction, QEC이라는 과정에 달려 있다고 알려져 있는데, 이는 결어긋남decoherence*에서 비롯되는 오류 가능성을 바로잡는 매우 수학적이고 기술적인 과정이다. 장난기 많은 성격은

QEC 문제를 해결하는 데 도움이 되지 않을 것이다. 현재의 LLM이 결국 AI 연구의 성배인 AGI로 이어질 것인지에 대해서도 열띤 논의가 진행되고 있다. 이런 논의에서 충동적인 연구자가 우스꽝스러운 몸짓을 하며 농담을 던지는 일은 큰 도움이 되지 않을 것이다.

　단순히 말만 하는 게 아니라 더 진지해질수록, 시스템의 기술적 세부 사항을 더 깊이 파고들수록, 반드시 스토아철학이 필요하다. 그렇지 않으면 성취는 모래성처럼 세상의 바람에 날아갈 것이다. 이런 점에서 성공한 발명가나 기술자는 현란한 말과 행동으로 눈총을 받을 수는 있겠지만 무엇보다 스토아철학자가 되어야 한다. 그들의 방식은 철저하고 냉철하게 논리적이어야 하고, 물리학 법칙을 준수해야 한다. 그리고 이런 원리는 과학과 기술 분야에만 적용되지 않는다. 음악 분야에도 비슷한 내적 논리와 조직이 있다. 모차르트가 곡을 만들 때

*　양자계가 외부와 상호작용하면서 양자 상태의 간섭 효과가 사라지는 현상.

음악의 내적 논리를 냉철하게 이해하고 실행했다는 데는 의심의 여지가 없다. 그렇지 않았다면 위대한 작곡가가 될 수 없었을 것이다.

따라서 스토아철학을 따르는 사람은 창조적인 사람과 반대일 거라는 일반적인 인식은 잘못된 것처럼 보인다. 오히려 무언가를 창조할 때는 내적 논리와 유기적 구조를 따라야 한다는 점에서 모든 창조적인 사람이 스토아철학자이거나 스토아철학자가 되어야 한다. 이런 의미에서 스토아철학은 창조적인 사람이 되기 위한 필수 조건이 된다. 장난기가 많고 짓궂거나 파괴적인 성격은 창조적인 사람에게 종종 나타날 수는 있지만 절대 필수 조건은 아니다. 또한 장난기가 많으면서 내적인 스토아철학이 부족한 사람에게 창조성이 전혀 없는 경우도 있을 수 있는데, 이는 드문 일도 아니다.

창조성에서 가장 중요한 특성은 내적인 스토아철학이고 다른 것은 모두 덤이다. 사실 〈아마데우스〉 속 모차르트와 살리에리의 캐릭터가 뒤바뀌는 상황도 생각해 볼 수 있다. 진지한 인물이 환상적인 음악을 작곡하고 장난꾸러기 인물이 진정한 재능이 전혀 없을 수 있다(비록 이렇게 하면 극적인 재미가 없을 테지만).

창조적인 사람들이 스토아철학자가 되어야 하는 이유는 하나 더 있다. 바로 창조적 활동에 따르는 어려움을 극복하기 위해서이다. 학습과 창조성을 다루는 인지과학 분야에는 '바람직한 어려움desirable difficulty'이라는 개념이 있다. 장애물을 만났을 때 효과적인 학습 과정이 일어나고 심지어 천재성도 자라난다고 보는 개념이다. 장애물을 넘기 위해 상당한 노력을 기울이면 결국에는 바람직한 결과로 이어진다는 것이다.

실험실에서는 지각을 방해하는 상황을 만드는 방식으로 바람직한 어려움을 설정하고 연구할 수 있다. 예를 들어 특정 조건에서 손으로 쓴 메모로 공부하면 더 읽기 편한 인쇄물로 공부할 때보다 기억력이 좋아진다. 읽기 어려운 글꼴을 사용했을 때 실제로 학습자의 성적이 좋아진 경우도 있다.

나아가, 심리학적으로 깊이 파고듦으로써 비범한 재능을 키우는 종류의 역경도 있다. 마르쿠스 아우렐리우스도 분명 바람직한 어려움을 겪었다. 황제이자 스토아철학자였던 그는 전쟁과 전염병으로 로마제국이 어려움에 빠진 시기를 경험했다. 그는 이런 문제들을 바람직한 어려움으로 삼아 마지막 '오현제'*이자 '팍스 로마나'의 마지막 황제로서 창의성을 발휘해 정책을 세우고 시행했을 것이다.

천재성의 기원에 관한 어느 이론에서는 한쪽 부모나 양쪽 부모가 일찍 사망하면 이 고통이 바람직한 어려움을 제공하여 천재성이 발달하는 데 필요한 대처 능력을 키운다고 가정한다. 마르쿠스 아우렐리우스는 겨우 세 살 때 아버지가 사망했고 어머니와도 많은 시간을 보내지 못했다. 부모를 일찍 잃은 천재들의 목록을 보면 놀라울 뿐이다. 아리스토텔레스Aristotles, 로버트 보일 Robert Boyle, 알베르 카뮈Albert Camus, 니콜라우스 코페르니쿠스Nicolaus Copernicus, 마리 퀴리Marie Curie, 찰스 다윈, 로

---

* 로마 시대 최전성기를 이끈 다섯 명의 황제를 지칭하는 표현. 네르바, 트라야누스, 하드리아누스, 안토니누스 피우스, 마르쿠스 아우렐리우스를 이른다.

버트 훅Robert Hooke, 데이비드 흄David Hume, 앙투안 라부아지에Antoine Lavoisier, 제임스 맥스웰James Maxwell, 아이작 뉴턴Isaac Newton, 프리드리히 니체Friedrich Nietzsche, 블레즈 파스칼Blaise Pascal, 라이너스 폴링Linus Pauling, 장 자크 루소Jean-Jacques Rousseau, 버트런드 러셀Bertrand Russell, 장 폴 사르트르Jean-Paul Sartre, 메리 셸리Mary Shelley, 애덤 스미스Adam Smith, 바뤼흐 스피노자Baruch Spinoza, 볼테르Voltaire 등 몇몇만 예를 들어도 이 정도이며 실제 목록은 끝도 없이 이어진다.

예전에는 기대 수명이 짧았던 만큼 이런 위인들이 일찍 부모를 잃는 불운을 겪었다는 사실이 통계적으로 그다지 놀라운 일은 아니다. 사회복지 역시 오늘날에 비해 거의 존재하지 않았으므로 이런 창의적인 천재 중 상당수가 크나큰 경제적·현실적 어려움을 겪었을 테고, 그에 따른 심리적 어려움도 상당했을 것이다. 예를 들어, 뉴턴은 케임브리지대학교에서 공부할 때 급사나 청소 같은 허드렛일로 생계를 꾸려야 했다. 그러다 1665~1666년 흑사병이 유행해 트리니티칼리지가 문을 닫자 고향 링컨셔로 돌아갈 수밖에 없었다. 하지만 그 고립의 해는 뉴턴과 인류에게 '아누스 미라빌리스annus mirabilis', 즉 '기적의 해'가 됐다. 전설에 따르면 뉴턴은 나무에서 사과가 떨어지는 광경을 보고 중력을 발견했다.

재능 있는 사람이 장애를 극복하고 그것을 바람직한 어려움으로 바꾸는 데 관여하는 신경 메커니즘은 아직 정확히 알려지지 않았다. 뇌의 기억 회로를 지속적으로 활용하면서 선택과 행동에 관여하는 실행 기능을 함께 쓰는 것이 비법일 수 있다. 기억은 늘 행동에 맞춰 형성된다. 그에 더해 어려움이 닥치고 감정적으로 불안한 상황에 직면했을 때, 환경을 다르게 해석하도록 지원하는 앞이마엽겉질의 재평가 네트워크가 활성화될 것이다. 이렇게 자기 변화의 여정이 시작된다.

세계적인 경영학자 클레이튼 크리스텐슨Clayton Christensen이 주장한 '파괴적 혁신disruptive innovation'은 그 자체로 고통스러운 과정을 수반한다. 새로움에 저항하는 거센 바람에 맞서 싸워야 할 수도 있다. 인류에게 불을 선물한 그리스 신화의 프로메테우스는 그런 야망 탓에 바위에 묶여 독수리에게 간을 뜯기는 형벌을 받았다. 오늘날에도 기술 진보를 통해 인간 존재의 한계를 극복할 수 있다는 대담한 믿음을 지닌 사람을 '프로메테우스 같다'라고 표현한다. 마크 저커버그Mark Zuckerberg, 샘 올트먼Sam Altman, 에릭 슈밋Eric Schmidt 등 실리콘밸리에서 스타트업을 세운 사람들, 핵무기 개발을 이끈 핵물리학자 로버트 오펜하이머Robert Oppenheimer 등에게서 바로 이런 믿음을 볼 수 있다. 프로메테우스적 열망은 인류에게 번영과 진보를 가져다줄 수 있지만, 종종 예측하지 못한 역효과를 가져오기도 한다. 그래서 우리는 지나친 야망을 두려워하기도 한다.

역설적으로 우리 사회가 세상에 혁신과 창조를 불러오는 사람을 대하는 방식에는 야만적이고 불공정한 면이 있다. 어쩌면 창조적인 천재를 영웅으로 대하지 않는 것이 항상성과 안정성을 유지하는 방식일 수도 있다. 마찬가지로 창조적인 천재들은 일종의 심리적 방어 기제로 장난기나 충동성 같은 특성을 보이기도 한다. 이런 관점에서 보면, 즐거운 장난기조차 창조성을 위한 스토아철학의 표현형으로 볼 수 있다. 어떤 사람들은 이런 특징을 통해 때로 불합리한 반응을 보이는 세상에 대처하려 할 것이다.

창의성의 심리학에는 바람직한 어려움을 즉시 황금으로 바꿀 수 있는 마지막 요소가 또 하나 있다. 헝가리계 미국인 심리학자 미하이 칙센트미하이Mihaly Csikszentmihalyi가 연구한 '몰입flow'은 창의성과 스토아철학의 관계에서 핵심을 이룬다. 칙센트미하이는 어떤 사람들은 어려운 상황을 견딜 뿐만 아니라 전쟁 같은 상황에서도 재능을 꽃피운다는 사실을 알고 몰입을 연구하기 시작했다. 그는 팔리거나 사회적·금전적 보상을 얻을 거라는 확신이 없는 상황에서도 몇 시간 동안 즐겁게 그림을 그리는 화가 친구에게 주목했다.

스토아철학에서 창의성을 얻는다는 말은 고된 노력을 기울인다는 것을 의미한다. 그 과정에서 엄청난 압박감을 느낄 수 있으며 심지어 매우 고통스러울 수도 있다. 하지만 이 고통은 자기 의지에 반해서 강요된 노력이 아니다. 오히려 과학자, 엔지니어, 예술가, 사업가, 운동선수 등이 스스로 선택해서 겪는 고통이다. 노력이 어느 한계를 넘어서면 매 순간이 그야말로 금처럼 빛나기 시작할 것이다. 이것이 몰입 상태이며, 이 상태에서 인간에게 가능한 최고의 성과와 창의성이 발휘된다.

몰입에는 몇 가지 심리적 특성이 있다. 이는 스토아적인 사람들이 최적의 창조성을 보일 때 나타나는 특징이기도 하다. 이런 사람은 시간의 흐름을 잊고 자기 존재를 잊는다. 손에 쥔 일을 실행하는 것이 목표일 뿐 그 결과가 어떻게 받아들여질지는 중요하지 않다.

두뇌 앞이마엽의 기능으로 볼 때 몰입은 자원 관리를 의미한다. 창의성이 발휘되는 순간에는 여러 요구가 충족되고 몸과 마음은 고된 제약의 미로를 따라 춤을 춘다. 이것이 바로 스토아철학이다. 따라서 어떤 결과가 나오든 상당한 심리적 혜택이 따라온다. 몰입이라는 더없이 행복한 마음 상태는 적어도 주관적으로는 어떤 사회적 인정이나 권위 있는 상보다 더 가치 있다. 창의성의 결과로 세상에서 아무리 높은 평가와 칭송을 얻더라도 이들은 그런 반응을 보상으로 여기지 않는다. 어쩌면 그저 '위로' 정도로 여기기도 한다.

사실 창의적인 사람들의 역사를 살펴보면 창의적인 노력이란 종종 자신의 특정한 조건에 대해 스스로를 위로하려는 과정처럼 보인다. 마르쿠스 아우렐리우스는 종종 가혹해지는 이 세상에서 위안을 얻기 위해《명상록》을 썼다. 일본 만화가 데즈카 오사무手塚治虫의 창의성은 아마도 젊은 시절 제2차 세계대전으로 불에 타 황량해진 일본 오사카를 걸으며 영혼을 탐구한 여정에서 나타났을 것이다. 젊은 의대생이었던 그는 폭격당한 오사카에서 30킬로미터를 걸어 다카라즈카시의 집으로 가는 동안 예술가가 되기로 마음먹었다. 오랜 시간 걸어가면서 그의 마음속에서 정확히 무슨 일이 일어났는지는 알 수 없지만, 분명 창의성을 향한 스토아철학적 노력이 있었을 것이다.

마음속 깊은 곳에서 무언가를 창조할 때면 깊은 위로가 찾아온다. 스토아주의자에게 창의성은 고난을 견디는 것만이 아니라(물론 이 역시 중요한 부분이기는 하지만) 위안을 찾는 일이기도 하다. 그 모든 인내 끝에 진정한 영혼의 고양이 찾아온다. 그러나 마음의 위안은 세상에서 일어나는 더 큰 일들에 발걸음을 맞출 때만 얻을 수 있다. 우리는 모두 저마다 고유한 조건을 가지고 태어나며, 위안은 자신의 조건과 더 큰 세상 사이의 균형을 찾는 과정이다.

인류 역사의 이 어려운 갈림길에서 무언가를 창조하는 일이 창조자의 영혼을 진심으로 위로할 수 있다는 사실은 창조의 혜택을 수많은 사람이 함께 누릴 수 있다는 점과 상관없이 우리를 안심시킨다. 그런 점에서 스토아철학은 창의성과 관련하여 인류 역사상 가장 위안을 주는 비전을 제공한다고 할 수 있다. 여기서 나는 세네카의 저서 중 가장 중요한 작품의 제목이 《위로》라는 사실을 떠올린다. 이 작품을 쓰면서 세네카는 분명 깊은 위안을 얻었을 것이고, 더 나은 사람이 되었을 것이다.

어찌 보면 당연한 결과다. 자신을 바꾸는 것보다 창의적인 일은 없기 때문이다. 위대한 하이쿠 시인 마쓰오 바쇼가 《오쿠로 가는 작은 길》에서 말했듯이, 삶은 끊임없이 변화하는 여정이다. 아이작 뉴턴 역시 떨어지는 사과를 바라보며 중력을 발견했을 때 분명 크게 달라졌을 것이다. 이런 점에서 그의 '기적의 해'는 '변화의 해'였다. 모든 이의 삶에서 이런 해가 적어도 한 번은 나타나길 바란다.

8장

나만의 안전한 요새가 필요하다

입술을 굳게 다문 스토아철학자의 이미지는 행복과는
거의 관계가 없는 듯 보인다. 가즈오 이시구로의 《남아
있는 나날》에 등장하는 집사 스티븐스는 철저한 스토아
주의자처럼 보이지만 그다지 행복한 사람 같지는 않다.
스티븐스가 켄튼 양에 대한 자신의 감정과 자신에 대한
켄튼 양의 감정을 눈치채고 그에 따라 행동하기만 했다
면 상황은 매우 달라졌을 것이다. 두 사람이 서로 사랑
을 고백하고 결혼해서 행복하게 살 수도 있었을 것이다.

앞에서 여러 번 언급했듯이 스토아철학의 이미지는, 그러니까 일반적으로 통용되는 의미대로 말한다면 지나치게 스토아적이라는 문제가 있다. 그런 맥락에서 스토아철학자가 된다는 말은 삶의 즐거움을 멀리하고 사랑하거나 사랑받기를 거부하며 어떤 희로애락도 없이 감정을 억누르며 산다는 뜻이 된다.

그러나 스토아철학을 향한 그러한 이미지는 완전히 틀렸다. 내가 보는 스토아철학은 자신의 고유한 특성과 조건을 받아들여 세상에 맞추는 것이다. 때로는 주어진 조건이 만족스럽지 못하고 불편할 수 있다. 하지만 삶의 원칙에 자신을 맞추는 행위는 자신의 방식을 조정해 공동체와 사회, 그리고 변화하는 시대와 조화를 이룬다는 걸 의미한다. 이런 틀에서 행복, 삶의 만족, 웰빙 등 뭐라고 표현하든 그것들은 전체 그림의 일부이므로 스토아철학자의 삶에서도 매우 중요하다.

그러나 스토아철학의 행복 개념에 도달하기 위해서는 행복 그 자체에 대한 일반적인 오해들을 알아야 한다. 일반적인 믿음에 따르면 행복은 웰빙에 필요한 조건을 충족하는 것이다. '완벽한 삶', '완벽한 결혼식', '완벽한 결혼생활' 같은 표현이 그런 선입견을 암시한다. 러시아의 대문호 레프 톨스토이가 소설 《안나 카레니나》의 첫머리에 쓴 유명한 구절을 예로 들어보자. "행복한 가정은 모두 비슷하지만, 불행한 가정은 저마다의 방식으로 불행하다." 사람들은 이 말에서 깊은 진리를 찾았다. 아니, 더 정확히 말하면 행복한 사람은 모두 비슷하지만 불행한 사람은 서로 다른 이유로 불행하다는 생각에 공감했다. 이를 때로 '안나 카레니나 원리'라고 부르는데, 무언가가 제대로 작동하려면 많은 요인이 필요하며, 그중 하나라도 충족되지 못하면 전체 체계가 실패할 수 있다는 뜻이다.

공학 문제라면 안나 카레니나 원칙이 확실히 적용된다. 스마트폰에는 많은 하드웨어 부품이 있고, 그에 더해 운영체계 같은 소프트웨어 요소도 많다. 스마트폰이 작동하려면 이 모든 요소가 제대로 작동해야 한다. 하드웨어든 소프트웨어든 한 부분만 잘못되더라도 손에 든 스마트폰은 골칫거리가 될 것이다. 따라서 '행복한' 스마트폰은 모두 똑같지만, 불행한(오작동하는) 스마트폰은 각자 나름의 방식으로 불행하다(배터리가 다 됐거나 화면이 깨졌거나).

로켓 과학도 마찬가지다. 행복한 로켓은 모두 똑같이 날아가지만, 불행한 로켓은 각자 나름의 방식으로 날지 못한다. 로켓 발사 장면을 볼 때마다 안나 카레니나 원리가 들어맞는 것을 알 수 있다. 성공하려면 모든 요소가 완벽하게 작동해야 한다. 이것이 바로 안나 카레니나의 법칙이다.

하지만 안나 카레니나 원리를 행복에 적용하면, 행복은 피겨 스케이팅 선수가 대회에서 완벽한 연기를 보여주는 것이 되어버린다. 행복이라는 시합에서 10점 만점에 10점을 얻으려면 점프, 플립, 루프, 악셀이 모두 완벽하게 조화를 이루어야 한다. 아주 무리한 요구 같지만 실제로 많은 사람이 그렇게 생각하는 듯하다.

사실 반드시 완벽해야만 행복한 것은 아니다. 삶은 스마트폰이나 로켓 같은 공학 프로젝트가 아니다. 사람은 저마다 고유한 방식으로 이 세상에 태어났고, 이러한 자신의 고유한 조건을 받아들이면 삶에 만족할 수 있다. 행복에 영향을 미치는 모든 면에서 10점 만점에 10점을 얻어야만 행복을 얻을 수 있는 것이 아니다.

실제 데이터를 살펴보면 행복은 놀라울 정도로 유연한 개념이다. 사람들은 다양한 조건에 적응해 수많은 방식으로 행복해진다. 예를 들어, 돈이 많아야 행복해진다고 생각할 수 있다. 돈이 있으면 분명 살아가는 데 필요한 것들을 살 수 있지만 돈으로 살 수 없는 것도 있다(비틀스에 따르면 사랑이 그렇다). 복권에 당첨된 사람들을 연구한 결과를 보면, 복권에 당첨된 이후에도 삶의 만족도(행복)가 크게 변하지 않거나 때로는 감소하기도 한다. 확실히 돈으로는 행복을 살 수 없다.

사람들은 결혼해서 자녀를 두는 게 행복의 공식이라고 생각하곤 한다. 하지만 데이터를 분석해 보면 결혼이 반드시 행복감을 크게 높이지 않는다는 사실을 알 수 있다. 자녀를 두는 문제도 마찬가지다. 자녀가 있으면 자녀가 없을 때와는 다른 방식으로 행복을 느낄 것이다. 그러나 삶의 만족도 자체는 크게 변하지 않는다.

흥미롭게도 기후와 행복의 관계를 살펴보는 연구들이 있다. 사람들은 햇볕이 많이 들고 따뜻한 지역에 살면, 눈이 많이 내리고 짙은 구름이 하늘을 뒤덮는 추운 지역에 사는 사람보다 행복할 거라고 생각한다. 하지만 해가 쨍쨍하고 따뜻한 캘리포니아에 사는 사람들과 날씨가 좋지 않은 다른 곳에 사는 사람들을 비교해 보면 삶의 만족도에 큰 차이가 없다.

오히려 특정 조건을 충족해야 행복해진다는 인식이 불행을 초래할 수 있다. 과학에서는 이 문제를 '초점 착각focusing illusion'이라고 한다. 우리는 행복의 조건으로 돈, 결혼, 자녀, 날씨 같은 특정 요소에 초점을 맞춘다. 사실 이런 요소들은 삶의 만족도에 영향을 미치지 않는데도 마치 그런 것처럼 여겨진다. 이 경우 불행한 이유는 그 특정 요소가 없어서가 아니라 착각 때문이다.

임금이 낮다고 한탄하는 사람들이 있다. 그들은 돈이 더 많으면 행복해질 거라고 말한다. 하지만 그들의 진짜 문제는 돈이 부족하다는 사실이 아니라 돈이 더 많으면 행복해질 것이라는 환상이다. 물론 경제적 불평등을 바로잡는 조치는 필요하지만 흥미롭게도 행복은 소득 자체와 반드시 상관관계가 있지는 않다.

사람들은 때로 결혼하지 않으면 행복할 수 없다거나 자녀를 낳는 것이 행복의 필수 조건이라고 착각한다. 사회 규범과 또래 압력이 이런 환상을 뒷받침하고, 주변 사람들 역시 '결혼하고 자녀를 낳아야 행복하다'라고 주문을 외운다. 사실 독신으로 살면 그 나름의 독특한 방식으로 삶의 만족을 얻을 수 있다. 혹은 결혼하고 자녀를 낳지 않아도 그 나름의 독특한 행복을 얻는다. 결혼해서 자녀를 낳아도 나름의 독특한 행복을 얻겠지만 결혼하지 않고 자녀를 낳지 않는 것도 똑같이 독특한 행복의 공식이 될 수 있다. 무엇이든 상관없다. 행복은 삶이 어떻게 전개되든 상관없이 찾을 수 있다.

따라서 행복은 자신의 독특한 특성을 받아들이라는 스토아철학의 원리를 실천할 때 나타나는 아름다운 예시가 된다. 자신의 조건을 받아들일 수 있다면, 어떤 상황에 있는지는 중요하지 않다. 하지만 자신을 받아들이기 위해서는 행복을 위한 특정한 조건에 가두려는 초점 착각에서 벗어나야 한다.

따라서 행복해지려면 안나 카레니나 원리를 뒤집어야 할 수도 있다.

불행한 사람은 모두 비슷하다. 그러나 행복한 사람은 모두 자신만의 방식으로 행복하다.

이 뒤집힌 안나 카레니나 원리가 스토아철학이 말하는 행복의 핵심이다. 이 지혜는 우리가 어떤 사람이든 어디에 살든 우리만의 특성과 주어진 조건에 자신을 맞추라고 말한다.

최근 행복에 대한 관심이 전 세계적으로 증가했다. 일례로 부탄은 국민총행복 지수(GNH)를 측정하고 개선하려는 계획을 시작했다. 경제 성장이 아닌 다른 지수를 계산하려는 이런 움직임은 인류의 중요한 진보를 보여주는 듯하다. 우리가 지구 환경에 미치는 영향을 의식해야 하는 시점에 행복과 경제 성장을 구분하는 일은 중요한 의미가 있다.

성장 얘기가 나왔으니 말인데, 행복하다고 현재 상황을 영원히 유지해야 한다는 뜻은 아니라는 점을 알아주길 바란다. 행복은 목적지가 아니다. 우리는 행복하면 서도 계속 발전할 수 있다. 이는 단지 경제적 관점만 이 야기하는 것이 아니다. 일단 삶에 만족하면 더 이상 성 장과 개선이 필요하지 않다고 여기는 사람들이 많다. 마 치 움직이는 동물이(인간도 움직이는 동물이다) 일단 만족 스러운 장소를 찾은 후에는 더 이상 움직일 필요가 없다 는 듯이. 이 비유는 자신과 타인의 삶에서 행복을 이해 하고 접근하기 위해 많이 사용된다.

동화는 보통 주인공(왕자나 공주)이 매우 불행한 상 황에 빠진 상태에서 시작한다. 그러다 모험이 시작되고 주인공은 어려움을 헤쳐나간다. 난관을 극복하고, 지하 감옥에 들어가고, 괴물을 죽이고, 수수께끼를 풀고, 보 물을 발견하며 세상을 탐험한다. 마침내 의기양양하게 집으로 돌아와 결혼한 후 오래오래 행복하게 산다. 동화 는 보통 거기서 끝난다.

'동화 같은 결말'은 행복에 대한 일반적인 이해가 어떻게 작동하는지 보여준다. 모험이 시작되면 주인공 은 어려운 상황(바람직한 어려움이라고 할 수도 있을 것이다)을 겪으면서 많은 것을 배우고, 내적으로 성장하고, 새로운 관계를 맺고, 진정한 자기 자신을 깨닫는다(보통 이야기 초반에는 주인공의 배경이 초라했지만 알고 보니 왕족인 경우가 많다). 이런 의미에서 동화의 모험 구간은 주인공이 배우고 탐험하는 단계를 거치며 한 인간으로서 성장하는 성장 과정이다. 반면 행복 구간은 주인공이 더이상 노력하지 않아도 되는, 짧은 최종 상태다. 그래서 동화에서는 주인공이 일단 행복해지면 더 이상 흥미로운 이야기가 나오지 않는다.

행복에 대한 이런 인식은 여러 면에서 문제가 있다. 첫째, 행복이 늘 미래에 존재하는 것처럼 보이는 데 악용될 수 있다. 불행한 사람은 속으로 이런 주문을 외울 것이다. '어려움을 극복하기 위해 노력하다 보면 언젠가는 행복해질 거야.' 아니면 다른 사람이 그런 주문을 속삭여 줄 수도 있다. 이런 사고방식은 훗날의 보상을 조건으로 억압과 폭력을 행사하는 가족, 기업, 국가 등의 체계를 정당화하는 데 사용된다. 둘째, 이런 사고방식은 행복이 정체 상태이며 개인의 탐구와 성장의 반대 개념이라는 인식을 전파할 수 있다.

인지 및 뇌과학 연구, 특히 인간의 인지 발달에 관한 연구를 살펴보면 행복과 개인의 성장이 양립할 수 '있다'라는 사실을 알게 될 것이다. 특히 어린아이들에게 탐구, 학습, 개인적 성장을 위해 꼭 필요한 조건이 바로 행복이다.

아이는 다양한 개성을 품고 세상에 태어난다. 부모든 다른 어른이든 양육자가 아이의 고유성을 온 마음으로 받아들인다면 아이에게는 안전 기지secure base가 생길 것이다. 이런 안전 기지에서 아이는 세상을 탐구하고 시행착오를 통해 배우고 성장할 수 있다. 어린아이와 양육자가 서로 애착을 느끼는 안정적인 관계는 아이의 지속적인 학습과 발달뿐 아니라 행복의 기반이 될 것이다.

안전 기지 이론은 미국인이자 캐나다인인 발달심리학자 메리 에인스워스Mary Ainsworth가 개척했다. '애착 이론attachment theory'은 알려진 대로 영국의 발달심리학자 존 볼비John Bowlby가 개발했다. 두 사람의 이론은 오늘날 아동 발달의 기본 원리에서 중요한 뼈대를 이룬다.

안전 기지와 애착이라는 개념을 생각하면 일반적인 동화의 전제가 완전히 틀렸다는 사실을 알 수 있다. 왕자와 공주(아이가 자신을 투영하는 인물)에게 안전 기지와 애착이 있다면 그 결과로 행복해야 한다. 그런 주인공이라면 이야기가 시작할 때부터 행복할 것이다. 행복이라는 힘을 바탕으로 탐험을 떠나고 세상을 배울 것이다. 마지막에는 새로운 종류의 행복을 얻겠지만, 사실 안전 기지와 애착 덕에 탐험하는 내내 행복했을 것이다.

왕자와 공주에게 안전 기지와 애착이 없다면 세상을 탐험하기는 어려워진다. 그뿐만 아니라 학습과 발달 과정에서 심리적 어려움과 문제를 겪을 수 있다. 존 볼비는 아이가 어릴 때 안전 기지와 애착을 얻지 못하면 문제 행동을 보일 수 있고 비행이나 심지어 범죄를 저지를 수도 있다는 점을 발견했다. 동화에서 왕자와 공주가 문제 행동을 일으키면 훌륭하다고 할 수 없겠지만, 시작이 불행하면 그렇게 될 가능성이 있다.

안전 기지와 애착에 기반을 둔 학습은 신경전달물질인 도파민이 관여하는 뇌의 보상 체계에 의해 뒷받침

된다. 도파민이 분비되면 신경세포neuron 사이의 시냅스 연결이 강화 학습reinforcement learning이라는 과정을 거친다. 즉, 도파민이 분비되기 전에 활성화된 회로가 강화된다. 예를 들어, 새로운 것을 시도해서 성공하면 도파민이 분비되고 그 행동을 뒷받침하는 신경회로가 강화되는 긍정적인 순환이 일어난다.

신경회로의 구성 방식에 따르면 시도하는 행동이 성공할지 실패할지 불확실할 때 도파민이 가장 효율적으로 분비된다. 힘겨운 도전을 끝내 이겨내고 성공했다면, 도파민이 최대로 분비되어 관련된 신경회로가 강화된다.

강화 학습은 특히 유아나 아이들에게 안전 기지가 필요한 이유를 설명한다. 아이들은 숙련된 기술이랄 것이 없고 세상에 대한 지식도 부족하다. 보호자가 도와주지 않으면 탐험을 시도하기조차 어렵다. 따라서 안전 기지는 아이가 배우고 탐험할 수 있는 발판이 되어주고, 애착은 아이가 계속 나아가는 데 필요한 심리적 안정감을 제공한다.

흥미롭게도 안전 기지, 애착, 탐험 사이의 이러한 관계는 성인이 되어서도 이어지는 듯하다. 성인이 되면 가족, 직장, 갈고닦은 기술과 지식, 타인과 맺는 관계가 모두 안전 기지이자 애착의 대상이 될 수 있다. 우리는 그 힘으로 탐험하고 배우고 성장한다.

전통적인 동화는 불행한 시작과 행복한 결말이라는 형태로 짜여 있다. 하지만 앞서 살펴보았듯 인간의 발달이라는 관점에서 보면 행복한 시작과 행복한 결말의 형태가 되어야 한다. 두 가지 버전 모두 주인공이 탐험하고 배우고 성장한다. 하지만 뇌과학적 관점에서 보면 불행하게 시작하는 전통적인 동화 형식에서는 왕자와 공주가 잘못된 길로 빠져들 수 있다. 그런 동화에서 행복한 결말은 나올 수 없다.

스토아철학자에게 안전 기지와 애착은 중요하다. 실제로 행복한 시작과 행복한 결말이 있는 동화라면 스토아적 삶의 방식을 보여준다고 할 수 있을 것이다. 하지만 양육자가 중요한 역할을 하는 생애 초기 단계에서는 안전 기지와 애착을 갖추는 일이 마음대로 되지 않는

게 사실이다. 아동은 안전 기지와 애착이 부족해도 어떻게 하기가 어렵기에 어른의 도움이 필요하다. 하지만 성인은 어린 시절 안전 기지와 애착이 없었거나 부족했더라도 스토아철학의 태도를 바탕으로 이를 어떻게든 받아들여 삶을 헤쳐나갈 수 있다. 스토아철학은 일상의 동반자이며 결말이 아니라 과정이다.

이런 관점에서 보면 스토아학파의 아버지인 소크라테스가 평생 행복하게 살았고 소크라테스식 문답법으로 대화할 때도(어쩌면 이때 특히 더) 행복해 보였다는 점이 상당히 흥미롭다. 소크라테스는 자기 자신과 자신의 고유한 특성을 받아들였던 것으로 보이고, 안전 기지와 애착이 있었던 듯하다. 우리는 외모에 지독할 정도로 신경을 쓰지만(외모 지상주의 또한 초점 착각의 한 형태다), 소크라테스는 납작한 들창코에 큰 눈이 불룩 튀어나온 못생긴 남자였다고 한다. 하지만 그가 외모에 조금이라도 신경 썼다는 기록은 없다. 소크라테스는 훌륭한 스토아철학자라면 당연히 그래야 하듯이 그저 받아들였다. 또한 자신의 무지를 거리낌 없이 인정했고, 종종 채워지지 않는 호기심을 드러냈으며 다른 사람들과 세상으로부터 배울 준비가 되어 있었다. 이러한 설명을 볼 때 소크라테스가 삶을 바라보는 방식은 안전 기지와 애착을 지닌 어린아이의 정신상태와 관련이 있다. 간단히 말해, 소크라테스는 자신을 받아들이고 다른 사람들에게 받아들여진 덕에 인생이라는 여정을 힘차게 살아갈 준비가 되어 있었고, 그래서 매우 행복했다.

마지막으로, 인생이라는 동화에서는 '쿠오 바디스quo vadis'라고 물어야 한다. 당신은 어디로 가는가? 아니면 성경 구절대로 "주여, 어디로 가시나이까?"

지금 행복하다면, 그저 오래오래 행복하게 살려고만 하면 안 된다. 안전 기지의 힘으로 여행하고 탐험해야 한다.

쿠오 바디스?

스토아철학자라면 늘 자신에게 이 질문을 던져야 한다.

2부

내일의
길이 되는
스토아철학

9장

'하지 않을 자유'를 선택하라

현대 과학의 놀라운 요소 중 하나는 과학자들이 일반적으로 자유의지를 부정한다는 것이다. 우리가 인간에게 자유의지가 있다는 믿음을 안고 산다는 사실을 고려하면 다소 믿기가 어렵다. 아침 식사를 정하는 단순한 일부터 진로를 결정하고 때로는 고통스러운 선택도 내리면서 우리는 선택의 자유가 있겠거니 생각한다. 자유의지는 인간의 가치, 자아상, 윤리, 사회구조와 매우 밀접하게 연결되어 있기 때문에 과학자들이 거의 만장일치로 환상에 불과하다고 해도 우리는 이 생각을 포기할 수 없다. 실제로 하버드대학교에서 연구하는 대니얼 웨그너Daniel Wegner는 〈마음속 최고의 속임수: 우리는 어떻게 의식적인 의지를 경험하는가〉라는 논문을 통해 자유의지를 정교한 마술사의 속임수에 비유했다.

자유의지는 오늘날 뇌과학뿐 아니라 과학 전반의 수수께끼다. 과학적으로 볼 때 뇌는 물리법칙을 따르므로 뇌의 신경망에서 발생하는 일에 '외부'의 어떤 것이 덧붙어 자유의지가 일어나도록 허용할 리 없다. 그럼에도 우리의 의식적 경험에서 자유의지라는 감각(혹은 착각)은 매우 강력하다. 사실 무언가를 자유롭게 선택할 수 있다는 느낌은 뇌가 건강하고 기능적임을 보여주는 강력한 지표다. 만약 어떤 이유로 자신의 의지에 따라 선택할 수 없거나 어떤 일을 하도록 강요받고 있다고 느낀다면 뇌 기능에 문제가 있다는 신호일 것이다.

자유의지를 부정하면 우리의 세계관에도 심각한 일관성 문제가 생기는데 이 문제는 오늘날까지 완전히 해결되지 않았다. 예를 들어, 많은 국가의 형법 체계는 사람들이 멈출 수 있는 데도 나쁜 일을 저지르는 '선택'을 내렸기 때문에 처벌이 정당화된다는 생각에 기반을 두고 있다. 사실 오늘날 자유의지에 대한 표준적인 설명 중 하나는 '하지 않을 자유free won't'다. 특정 행동을 하고 싶은 충동은 무의식적으로 발생할 수 있지만, 뇌는 앞이마엽겉질의 지원을 받는 행위자의 의식적인 의지에 따라 행동을 멈출 수 있는 거부 능력이 있다. 하지 않을 자유, 즉 앞이마엽겉질의 거부 능력은 과학적으로 우리가 지닌 자유의지 또는 양심에 가장 가깝다.

자유의지를 하지 않을 자유로 보는 관점 또한 일관성 문제가 없지 않다. 의식의 역할이 어떤 행동을 거부하는 것이라면, 그 거부 자체가 물리법칙에 따라 일어난다는 의미이지 않은가? 무한 후퇴infinite regression*의 가능성은 자유의지를 이해하려는 진지한 시도에서 늘 나타나는 특징이다.

하지만 잠시 자유의지가 존재하는가에 관한 궁극

---

*   원인이나 근거를 무한히 추구하는 것.

적인 질문은 제쳐두고, 자유의지가 스토아철학에서 어떤 의미인지 생각해 보자. 나는 1장에서 스토아철학의 열 가지 기본적인 정의를 설명했는데, 다음 세 가지 정의가 특히 자유의지 문제와 관련이 있어 보인다.

2. 스토아철학은 어떤 환경에서도 최선을 다하는 방식이다.

7. 스토아철학은 삶을 내면의 목소리와 세상의 법칙에 정렬하는 것이다.

10. 스토아철학은 어떤 상황에서도 내면의 진실성을 잃지 않고 영혼의 상태를 명확하게 바라본다.

최선의 노력을 다하는 것, 세상의 법칙에 맞추면서 개인의 진실함(영혼의 형상)을 유지하는 것은 모두 자유의지에 관한 스토아적 관점과 관련이 있다. 점점 더 복잡하고 혼란스러워지는 세상에서, 자유의지는 판단과 선택을 내릴 때 겪게 될 실질적인 문제이기도 하다. 자유의지에 대한 이론적인 판결이 아직 내려지지 않았다고 하더라도 삶은 계속되어야 한다. 사실 스토아철학의 관점에서 볼 때 자유의지 여부는 중요하지 않다. 다만 선택을 내리는 과정을 정확히 알지 못한다 해도 그 결과는 한 사람의 삶에 매우 중요하다. 가장 중요한 부분은 스토아적 관점에서 볼 때 선택에 따른 결과와 자기 행동에 책임을 지고, 거기서 최선의 가르침을 얻는 것이다. 자유의지가 있는지 없는지 추측하는 일은 사는 데 아무런 지장이 없는 사치다.

마르쿠스 아우렐리우스는 속세의 모든 권력을 가지고 있었고 자신도 그것을 알고 있었다. 그러면서도 《명상록》에서 분명히 볼 수 있듯이 그는 그 힘을 남용하지 않았다. 로마제국 황제로서 그는 권력을 휘두르려고만 하면 어떤 일도 할 수 있었다. 이를 생각해 보면 아우렐리우스가 달성한 자제력이 감탄스러울 수밖에 없다. 실제로 아우렐리우스의 삶은 그가 실제로 한 일보다 하지 않은 일에서 주목할 만하다. 그는 말 그대로 제국 차원에서 '하지 않을 자유'를 행사했다. 그의 글이 윈스턴 처칠Winston Churchill 같은 지도자들을 비롯해 여러 세대에 두고두고 감동을 준 것은 놀라운 일이 아니다. 자제력이 얼마나 강해질 수 있는지를 보여주는 그의 글은 판단력을 활용하여 내면의 진실성을 유지하는 법을 가르쳐주는 귀중한 교훈이다.

여기서 주목해야 할 중요한 사실이 하나 있다. 마르쿠스 아우렐리우스는 그 시대에 세계 최고의 권력자였지만 선택을 내린다는 면에서 독특한 사람은 아니었다. 생각해 보면 현대사회를 살아가는 우리는 모두 어느 정도는 자기 운명의 주인이다. 나라를 다스리고 있지 않다면(혹시 세계 지도자가 이 책을 읽고 있다면 반가운 인사를 전한다!) 오늘 우리가 하는 일이 세계 정세에 큰 영향을 미치지는 않을 것이다. 물론 절제된 행동으로 지구 환경과 인류를 위하는 삶을 사는 것도 좋긴 하다. 하지만 우리가 하는 행동의 주요 수혜자 또는 피해자는 언제나 우리 자신이다.

여기서 가장 중요한 통찰은 우리가 하는 일이 우리 자신에게 어마어마한 영향을 미친다는 점이다. 너무 당연한 말이라 대부분은 그 결과를 제대로 알아보지 못한다. 예를 들어 학생이 다음 날 있을 시험에 대비해 공부를 열심히 하는지 안 하는지는 성적과 진학에 영향을 미친다. 물론 학교 성적을 대수롭지 않게 여길 수도 있고, 대학 진학 여부도 별로 중요하지 않다고 생각할 수도 있다. 하지만 아우렐리우스의 결정이 로마제국과 그 밖의 지역에 사는 사람들의 삶에 영향을 미쳤듯이, 우리의 결정은 분명 우리의 삶에 영향을 미친다.

사실 우리 삶의 황제는 바로 '나 자신'이라고 말해도 틀린 말이 아니다. 우리가 하는 행위는 다른 어떤 일이나 다른 어떤 사람보다 우리 삶의 경로를 더 많이 바꿀 것이다. 이런 의미에서 우리는 마르쿠스 아우렐리우스와 다르지 않다. 지혜를 활용해 신중하게 판단하고 현명하게 선택하며, 행동할 자유와 하지 않을 자유를 능숙하게 활용해야 한다. 선택의 중요성에 대한 이런 인식은 존재론적이고 인식론적인 자유의지 문제가 아직 해결되지 않았다고 해도 큰 의미가 있다.

궁극적으로 자유의지가 있든 없든, 실용적인 측면에서 유일하게 바랄 수 있는 건 우리에게 일어나는 모든 일, 혹은 우리를 통해 일어나는 모든 일을 우리가 한 행동에 따른 결과로 받아들이는 것이다.

우리는 매일 자유의지라는 명백한 감각에 따라 선택을 내려야 한다. 세상의 법칙을 따르면서도 자신의 진실성을 유지하며 최선을 다하라는 스토아철학의 원칙에 주의를 기울여야 한다. 이렇게 한다면 틀림없이 우리 자신이 한 일을 후회하지 않는 삶을 살게 될 것이다.

하지만 1장에서 언급했듯이, 모든 선택이 다양한 요소에 기반을 두고 있을 때 스토아적 선택을 내리려면 어떻게 해야 할까? 판단과 의사결정의 과정을 관찰하면 그 안에 무수히 많은 요소가 존재하고, 또한 각 요소가 서로를 반영하며 끝없이 나비 효과를 일으킨다는 사실을 알 수 있다. 따라서 우리가 내리는 선택이란 수많은 요소가 모인 바다를 떠다니는 나뭇잎과 같다. 스토아철학에서 보는 자유의지는 정렬이다. 선택을 통해 정렬하는 이 세상은 예상치 못한 요소로 가득하므로, 자유의지를 유연하게 발휘해야 한다. 자유의지의 정체가 무엇이든 상관없이 경직된 이념을 따라가서는 안 된다.

프랑스의 인류학자 클로드 레비스트로스Claude Lévi-Strauss는 '브리콜라주bricolage'의 중요성을 강조했다. 브리콜라주는 원래 '직접 만들기'를 뜻하는 프랑스어 단어에서 유래한 개념으로, 그때그때 손에 넣을 수 있는 것을 즉흥적으로 활용한다는 뜻이다. 끊임없이 바뀌는 오늘날의 사회 환경과 가치 체계에서 '브리콜라주'는 자유의지에 대한 관점에 상관없이 스토아철학의 필수 요소 중하나다. 사실 자유의지는 '어떻게 브리콜라주를 실천하느냐'의 문제라고 할 수 있다.

미국의 피아니스트 키스 자렛Keith Jarret의 〈쾰른 콘서트The Köln Concert〉는 재즈 피아니스트뿐 아니라 다른 어느 음악가의 실황 녹음 중에서도 가장 큰 인기를 얻고 비평가들의 찬사를 받은 앨범 중 하나일 것이다. 흥미롭게도 이 앨범은 순전히 '브리콜라주'로 탄생했다. 콘서트를 준비한 이는 열여덟 살이던 열정적인 음반 제작자 베라 브란데스Vera Brandes였는데, 사전 준비가 엉망이었다. 콘서트홀에 도착한 자렛을 맞이한 피아노는 요청한 종류도 아니었고 제대로 조율되어 있지도 않았다. 일부

건반은 소리가 제대로 나지 않았다. 특히 고음역과 저음역은 연주할 수도 없는 수준이었다. 오랜 연주 여행으로 지친 자렛은 콘서트를 취소하고 싶었지만, 브란데스의 간곡한 부탁을 거절할 수 없었다. 결국 콘서트를 진행하기로한 그는 형편없는 피아노 상태에 맞춰 즉흥적으로 연주 스타일을 바꿔가며 연주했다. 그렇게 음악계의 역사가 탄생했다.

언제든 필요한 요소가 모두 준비되어 있다면 정말 좋을 것이다. 하지만 그렇지 않다면 '브리콜라주'를 해야 한다. 레비스트로스는 이런 방식을 '야생의 사고wild thought'라고 했다. 쾰른 콘서트홀에서 키스 자렛이 펼친 야생의 사고는 음악계의 전설이 되었다.

우리네 삶은 일련의 브리콜라주다. 어떤 것도 완벽하지 않지만, 보는 방법만 안다면 잠재력이 숨어 있지 않은 것이 없다. 우리는 '최선'을 다해 일상을 살아간다. 스토아적 정신이 있다면 그것만이 우리가 가야 할 유일한 길이다.

최선의 노력은 기술적 방법론이자 스토아학파와

공명하는 철학이다. 인터넷의 트래픽 조절부터 다양한 소프트웨어의 작동에 이르기까지 최선의 노력을 통하면 지나친 이상주의나 패배주의에 빠지지 않고 해결책을 찾을 수 있다. 좀 더 근본적인 수준에서 보면 우리는 모두 능력과 역량에 한계가 있으며 어떤 상황에든 적응해야 한다. 그러니 최선을 다할 수밖에 없다.

스토아철학자가 된다는 건 삶의 균형을 찾는다는 뜻이다. 완벽주의자는 일을 전적으로 만족스럽게 처리하려고 노력할 것이다. 그렇게 하면 최고의 결과를 낼 수 있으니 좋은 방식이라고 생각할 테지만, 현실에서 완벽주의자는 자신이 가진 것에 만족하지 못할 때가 많다. 높은 기준을 두지 말라는 말이 아니다. 점진적으로 성과를 개선하며 끝내 목표를 이루는 완벽주의자도 있다. 일본에는 품질에 대한 자신만의 관점을 고집하는 사람을 칭송하는 문화가 있다. 예를 들어 라멘집 사장이 라멘 국물에 대해 시장의 합리적인 기대치를 넘어서는 수준으로 완벽주의를 고집하는 식이다. 하지만 이런 경우에도 완벽함에 대한 고집이 라멘집을 잘 운영하는 가운데 이루어져야 한다는 점에 주목해야 한다. 따라서 완벽주의적 태도를 취할 때도 이상과 현실 사이의 균형을 찾아가는 스토아적 마음가짐이 필요하다.

자유의지에 대해 이론적으로 어떻게 생각하든 '브리콜라주'를 하는 스토아철학자는 결코 삶을 낭비하지 않는다.

10장

우리는 우주와 한 몸이다

스토아철학자를 바라보는 대중의 이미지 중 하나는 외롭다는 것이다. 뒤에서 논의하겠지만(12장) 잠재력을 온전히 실현하기 위해 반드시 많은 사람과 교류할 필요는 없다. 실제로도 고독을 즐기면서 최고의 창의성을 보여준 사람도 많다. 노르웨이의 한 오두막에서 《논리철학논고》를 쓴 루트비히 비트겐슈타인Ludwig Wittgenstein, 호숫가의 오두막집에서 걸작을 쓴 작곡가이자 지휘자 구스타프 말러Gustav Maller, 후기에는 대중 콘서트를 열지 않고 역시 호숫가에서 혼자 지내며 가끔 J. S. 바흐의 〈골드베르크 변주곡Goldberg Variations〉 같은 클래식 연주를 녹음하기도 했던 피아니스트 글렌 굴드Glen Gould, 그라임스Grimes라는 예명으로 활동하면서 보통 앨범 전체를 아파트에서 혼자 만드는 가수 겸 작곡가 클레어 엘리즈 부셰Claire Elise Boucher, 세계적으로 유명하지만 특히 고국인 일본에 있을 때는 인터뷰나 언론 출연을 피하면서도 소설, 에세이, 그리고 이따금 보도되는 기사를 통해 독자들과 아름답고 효율적으로 소통하는 작가 무라카미 하루키村上春樹가 그들이다.

홀로 보내는 시간에는 본질적으로 창조적인 무언가가 있다. 실제로 고독한 삶을 살며 중요한 경력을 쌓은 사람들 외에도 고독의 소중함에 환상을 품은 사람들도 있다. 알베르트 아인슈타인은 세계적인 천재라는 타이틀에 걸맞게 유명 인사로 바쁘게 살았지만, 등대 관리인으로 살고 싶다는 열망을 자주 표현했다. 혀를 쏙 내미는 상징적인 사진은 사진작가들이 차를 타고 떠나는 아인슈타인을 뒤쫓다가 찍은 것이다. 마치 은둔을 꿈꾸던 사람이 호기심을 참지 못하는 세상에 명랑한 복수를 펼친 듯하다.

소중한 친구가 있다는 것은 좋은 일이다. 그렇지만 일반적인 믿음과 달리 고독은 그리 나쁘지 않다. 사실 인간은 각자 의식이 있기 때문에 본질적으로 고독하다. 인류가 탄생한 이래로 우리는 모두 의식적인 존재로서 현상적 경험phenomenal experience의 영역에 갇혀 있다.

철학자 데이비드 차머스David Chalmers는 의식이라는 '어려운 문제hard problem'에 대해 이야기한다. 뇌 기능에 대한 과학적 설명과 감각질이나 자의식 같은 의식적 경험의 본질적 특성 사이에는 설명적 간극explanatory gap이라는 게 존재한다. 많은 사람이 의식에 대한 과학적 설명으로 이 어려운 문제를 풀 가능성은 거의 없다고 믿고 있다. 우리 각자는 모두 과학의 가장 큰 수수께끼인 자의식에 갇혀 있다.

최근 몇 년 사이 소셜미디어 알고리즘을 통해 자기가 보고 싶은 것만 보고 비슷한 취향을 가진 사람하고만 어울린다는 의미의 '반향실echo chamber' 효과를 한탄하는 목소리가 커졌다. 이는 분명 해결해야 할 문제지만, 사실 우리 인간은 호모 사피엔스로 살아온 역사 내내 의식의 반향실에서 살았다.

우리 각자는 절대적인 의미에서 의식의 영역에 갇혀 있다. 다른 사람과 육체적으로 아무리 가까이 있어도 모두 감각질로 가득한 현상적 경험이라는 자신만의 세계에 갇혀 오로지 혼자서 느끼고 경험한다.

감각질 이야기가 나왔으니 말이지만, '빨간색'을 볼 때 모든 사람이 같은 빨간색을 본다고는 절대 보장할 수 없다. 가능성은 낮지만, 뇌 기능의 외부 징후가 모두 온전하더라도 누군가가 보는 빨간색이 다른 누군가에게는 초록색과 같을 수도 있다. '뒤집힌 감각질inverted qualia'이라고 알려진 이 사고실험이 완전히 터무니없는 것으로 보이지 않는 이유는 바로 우리가 각자의 의식에 갇혀 있기 때문이다.

우리는 모두 의식적인 존재라는 사실의 결과에 따라 절대적으로 고립되어 있다. 실제로, 겉으로 볼 때는 의식적으로 행동하는 행위자, 예를 들어 이웃집 사람에게 의식이 존재한다는 보장이 없다는 개념이 있다. 논리적으로만 보면, 겉으로는 의식적인 존재와 똑같이 행동하는 그 이웃이 사실은 의식적 경험이 전혀 없는, 이른바 철학적 좀비philosophical zombie일 가능성도 전적으로 존재한다. 현재로서는 다른 사람에게 의식적 경험이 존재한다는 사실을 확인할 방법이 없다. 반대로 제삼자에게 우리가 실제로 의식적인 존재임을 확실하게 증명할 방법도 없다.

필립 K. 딕Philip K. Dick의 소설《안드로이드는 전기양의 꿈을 꾸는가?》를 바탕으로 한 영화 〈블레이드 러너〉에서는 겉보기에는 인간처럼 생긴 레플리컨트replicant라는 행위자 무리가 인간에게 차별당해 괴로워한다. 그래서 인간의 억압에 저항하다가 하나씩 제거된다. 해리슨 포드가 연기한 주인공 릭 데커드는 레플리컨트를 사냥해 이들을 '처리'하는 사람이다. 그러다 레플리컨트 중 한 명인 레이철과 사랑에 빠진다. 자신이 인간이라고 믿는 레이철을 통해 인간과 레플리컨트 사이의 관계를 미묘하게 그려낸 이 영화는 철학적 좀비의 개념을 잘 보여준다.

결말이 가까워지면서 강력한 레플리컨트 중 한 명인 로이 배티가 죽음을 앞두고 독백을 펼치는 인상적인 장면이 나온다. 로이는 탄호이저 게이트 근처 어둠 속에서 반짝이는 C-빔 등 "당신들은 믿지 못할 것들"을 보았다고 회상한다. 마지막으로 자신이 겪은 순간들은 "빗속에 흐르는 눈물처럼 시간 속으로 사라질 것"이라고 한탄한다.

이 유명한 독백은 우리가 모두 일종의 경험적 반향실에 갇혀 있음을 아름답고 가슴 아픈 방식으로 보여준다. 〈블레이드 러너〉에서 보여준 인간과 레플리컨트 사이의 허구적 구분은 우리 각자가 처한 눈부신 현상학적 고독을 강조하는 역할을 한다.

나는 열다섯 살에 캐나다 밴프의 하늘 위로 오로라가 펼쳐지는 놀라운 광경을 보았다. 밴쿠버에서 한 달 동안 영어를 공부하면서 동급생들과 함께 떠난 현장학습에서였다. 그날 밤하늘에서 본 광경은 정말 놀라웠지만, 이 어설픈 설명 외에 독자들에게 그 경험을 직접 전

달할 방법은 없다. 내가 마침내 이 세상에 작별을 고할 때, 그날의 경험은 빗속의 눈물처럼 사라질 것이다. 누구나 지금껏 살아오면서 겪은 놀라운 경험을 기억하고 있다. 나는 그 경험을 공유할 수 없지만 그래도 매우 특별한 경험이었을 거라고 말할 수 있고, 반대로 당신도 나에게 그렇게 말할 수 있다. 의식의 반향실은 우리의 스토아적 삶에서 가장 놀라운 조건 중 하나다.

우리는 의식을 지닌 덕에 충만한 감각으로 세상을 경험한다. 실제로 의식은 본질상 감각질로 엮인 다양하고 경이로운 태피스트리와 같다. 하지만 그 다양성의 결과로 우리는 자아의 반향실에 갇혀 있다. 그게 현실이고 지금까지도 늘 그랬으며, AI나 더 나아가 뇌-컴퓨터 인터페이스Brain-Computer Interface, BCI 등 놀라운 과학기술을 얼마나 더 개발하든 앞으로도 그럴 것이다.

스토아철학은 불변의 자연법칙과 정렬하는 방법이다. 스토아철학자로 산다는 말은 이 세상의 방식과 사이 좋게 지낸다는 뜻이다. 우리의 의식을 둘러싼 이러한 조건, 이 세상을 살아가는 짧은 삶에서 제일 중요한 몇 가지 중 하나, 아니 어떻게 보면 가장 중요한 한 가지인 이 조건이 우리 존재의 변하지 않는 중요한 분모다.

하지만 잠깐. 이 의식 이야기에 한 가지 반전이 있으니 바로 '하나의 의식 가설One Consciousness Hypothesis'이다. 우리가 사는 실제 우주에서 같은 종류의 소립자는 모두 질량이 정확하게 똑같다. 예를 들어 전자는 모두 질량이 $9.1093837139 \times 10^{-31}$킬로그램이다. 어떤 과학자들은 그 이유에 의문을 제기했다.

1940년 미국 물리학자 존 휠러John Wheeler는 단일 전자 가설one-electron hypothesis이라는 아이디어를 생각했다. 모든 전자의 질량이 정확히 똑같은 것은 우주에 전자가 한 가지뿐이기 때문이라는 것이다. 전자의 반입자anti-particle인 양전자positron는 전자와 질량이 같으며 전하의 규모도 같은 양전하를 지닌다(전자는 음전하를 지닌다). 때로 전자와 양전자가 충돌하여 광자photon로 사라지는 '쌍소멸pair annihilation'이 일어나기도 한다. 반대로 광자가 전자와 양전자로 쪼개지는 '쌍둥이 생성pair creation'이 일어나기도 한다.

이런 식으로 우주에 있는 모든 전자와 양전자는 입자 하나가 시간 속에서 양방향으로 왔다 갔다 움직이는 것이고, 모든 전자가 연결되어 있는 거라고 생각할 수 있다. 따라서 우주에는 시간과 공간을 끊임없이 오가는 단 한 가지 전자밖에 없다고 말하는 것도 가능하다. 물론 환상에 불과한 생각이지만 논리적이며 전적으로 합리적이기도 하다.

같은 맥락에서 의식이 단 하나밖에 없다고 말할 수도 있다. 우리는 자신의 의식이라는 반향실에 갇혀 있다. 모든 사람이 다르다고 느끼는 것은 서로 얼굴, 목소리, 신체가 다를 뿐 아니라 서로 다른 기억, 다른 감각 경험, 다른 자아 이미지가 있기 때문이다. 하지만 이 모든 개별적인 특성을 제거하고 난 후 의식의 핵심에서 발견되는 것은 놀라울 정도로 비슷할 수 있다. 개별적인 차이점을 벗겨내면 모두 똑같은 종류의 의식을 공유하고 있을 수 있다. 따라서 우주에 존재하는 의식이 단 하나뿐이라고 결론 내릴 수도 있다. 아마 우리가 각자 자신의 의식이라는 반향실에 갇혀 있으면서도 때로 서로를 이해하는 이유가 여기에 있을 것이다.

이는 의식의 정체에 대한 단일 전자 가설보다 훨씬 더 공상적이고 추측에 가까운 설명이다. 하지만 스토아철학이 우주의 법칙과 발을 맞춰 살아가는 기술이라면 스토아철학자의 삶에서 존재의 근본적인 본성에 대한 이런 고찰은 분명 의의가 있다. 그리고 이는 시작에 불과하다. 여러 과학자와 철학자가 의식 연구에서 많은 진전을 이루고 있으니 앞으로 더 중요한 소식이 들려올 수도 있다.

이런 철학적 탐구는 우리 모두의 일이다. 그 과정에서 인간 존재의 핵심에 대해 눈을 번쩍 뜨게 해주는 놀라운 사실과 눈부시게 새로운 아이디어가 나타날지도 모른다.

안전벨트 단단히 매고 주시하자.

11장

AI가 결코 대신할 수 없는 것

최근 몇 가지 생성형 AI가 나왔고, 그중에서도 특히 대형언어모델을 이용한 챗GPT가 우리 사회에 엄청난 파장을 일으켰다. 이런 AI 시스템은 전문가들조차 예상하지 못했던 일들을 해낼 수 있으며, 지금도 우리 사회의 모든 영역에서 그 충격이 감지되고 있다. 흥분이 가라앉으려면 오랜 시간이 걸릴 것 같다. 시간이 지나면 가라앉을지 어떨지도 확실하지 않다.

언뜻 보기에 스토아철학과 AI는 공통점이 거의 없

어 보인다. 전자는 고대 그리스의 소크라테스에서 시작하는 유서 깊은 전통이고, 후자는 원래 비디오게임을 지원하기 위해 만들어진 수많은 그래픽처리장치(GPU)에 기반을 둔 현대적이고 발전을 거듭하는 기술이다. 그러나 이 장에서 설명하겠지만, 스토아철학은 두 가지 중요한 면에서 AI의 미래와 관련이 있다.

첫째, 스토아철학은 AI를 어떻게 구축할지에 대한 지침을 준다.
둘째, 스토아철학은 AI와 인간이 어떻게 정렬할 것인지 예를 들어 보여준다.

이 두 가지 측면에서 스토아철학은 AI 사용의 능률을 높이고 연구와 개발 노력을 인도하며, 인간이 어떻게 하면 미래에도 AI 기술을 유익하고 안전하게 유지할 수 있을지 알려준다.

AI 기술의 발전은 당연히 많은 사람에게 걱정을 안겼다. 일자리가 사라질 수 있다거나 인간이 더 이상 필요하지 않을 수 있으며, 그 결과 우리가 이 세상에서 살아가는 목적을 잃을 수도 있다거나 심지어 인간이 멸종할 수도 있다는 식이다. 실제로 인간의 쇠퇴나 멸종을 피하는 방법은 AI 정렬과 AI 안전을 연구하는 사람들이 매일 논의하는 주요 관심사다. 매사추세츠공과대학(MIT)의 AI 연구원인 렉스 프리드먼Lex Fridman이 운영하는 AI 분야의 주요 플랫폼인 '렉스 프리드먼 팟캐스트Lex Fridman Podcast'에서 '이키가이 리스크Ikigai risk', 즉 인간이 AI의 발달로 '이키가이'를 상실할 위험에 관해 논의한 적이 있다. 이키가이란 '개인적인 삶의 목표' 혹은 '삶의 이유'를 의미하는 일본어 표현인데, 이 에피소드에서 저명한 AI 연구자 로만 얌폴스키Roman Yampolskiy는 '이키가이 리스크'가 앞으로 인류가 겪을 수 있는 심각한 문제 중 하나라고 언급했다.

AI가 인간에게 초래할 수 있는 위험은 본질적으로 복잡하고 다면적이다. 무엇보다 AI의 '기술적 특이점technological singularity' 가능성에서 발생할 수 있는 위험이 있다. '기술적 특이점'은 기술의 성장을 막거나 후퇴

시킬 수 없게 되는 가상의 순간을 가리키는 개념인데, 미국의 SF 소설가이자 수학자인 버너 빈지Vernor Vinge가 1983년과 1993년에 쓴 에세이를 통해 널리 퍼졌다. 미국의 기술학자이자 작가인 레이 커즈와일Ray Kurzweil은 2005년 《특이점이 온다》라는 책을 출간하고, 2024년에는 후속작인 《마침내 특이점이 시작된다》를 출간하여 기하급수적인 기술 발전이 인간의 능력을 능가하는 초지능의 출현으로 이어질 것이라고 전망했다.

기하급수적 기술 발달이라는 개념은 사실 컴퓨터 산업의 표준이다. 이는 인텔Intel의 공동 설립자 고든 무어Gordon Moore의 이름을 딴 '무어의 법칙'과 일치한다. 무어는 1965년에 집적 회로당 데이터의 양이 매년 두 배씩 증가하여 기하급수적인 성장 곡선을 이룬다고 주장했다. 무어의 예측은 정확히 들어맞았고, 이제 무어의 법칙의 한계와 그 끝이 어디인지에 대한 공개적인 논쟁이 벌어지고 있다. 일부에서는 2040년대와 2050년대까지 이 법칙이 지속될 수 있다고 보기도 한다.

표면적으로 볼 때, 기술적 특이점이라는 예측은 무

어의 법칙처럼 기하급수적인 계산 능력의 성장에 바탕을 둔 관찰에 불과하다. 급성장하는 계산 능력이 어떻게 AI의 양적·질적 향상으로 이어질지는 오늘날 활발하게 연구되고 있다.

기술적 특이점이라는 생각은 원래 영국의 수학자 I. J. 굿I. J. Good이 제시했다. 제2차 세계대전 당시 굿은 수학자 앨런 튜링Alan Turing과 함께 독일 암호 체계인 에니그마Enigma를 해독하는 임무를 수행하고 있었다. 이 작업은 영국이 독일에 승리를 거두는 데 중요한 역할을 한 것으로 유명하다. 1965년 굿은 지능 폭발intellectual explosion에 관한 논문에서 스스로 발전할 수 있는 AI 모델을 제시했다. 그는 일단 그런 종자 AI가 개발되면 인간이 할 수 있는 일이 더 이상 없을 거라 봤다. AI는 계속 스스로 발전해 인간을 초월하는 지능에 이를 것이며 종자 AI 개발이 인간의 마지막 발명이 될 것이라고 말이다.

흥미롭게도 굿은 스탠리 큐브릭의 영화 〈2001: 스페이스 오디세이〉에서 HAL 컴퓨터라는 가상의 AI 컴퓨터를 개념화하는 데 도움을 주었다. 큐브릭이 SF의 전설 아서 C. 클라크Arthur C. Clarke와 함께 시나리오를 쓴 이 영화는 지금까지도 AI 시스템이 특이점에 도달했을 때 일어날 수 있는 일을 가장 정확하고 날카롭게 묘사한 영화로 남아 있다. 굿의 도움은 〈2001: 스페이스 오디세이〉에 깊이와 진정성을 더했다.

이 글을 쓰는 현재 특이점은 더 이상 SF 소설에 나오는 환상적인 개념이 아니다. 인간의 지능에 맞먹는 AGI나 그것을 능가하는 인공초지능artificial superintelligence, ASI을 구축할 수 있다는 생각은 상당히 타당성 있는 주요 흐름이 됐다. 물론 그 목표에 이르는 정확한 방법론에 대한 논쟁이 여전히 계속되고, 현재 기술로 AGI와 ASI를 실현할 수 있을지 의문을 제기하는 사람들도 있지만 말이다. 챗GPT를 개발한 오픈AI, 구글, 메타, XAI*처럼 영향력 있는 기업과 이들의 중국 경쟁 기업들은 AGI와 이후 ASI를 구축하는 것을 공개적인 목표로 삼고 있다.

---

* 　일론 머스크가 2023년 설립한 AI 스타트업.

이런 과열된 분위기 속에서 AI를 어떻게 인간과 안전하게 공존하게 만들지는 과학자와 기술학자뿐만 아니라 전 세계 정책 입안자와 정치인도 논의하는 중요한 주제가 됐다. 일부는 인류 역사상 최초의 핵폭탄을 만든 맨해튼 계획Manhattan Project처럼 엄격한 통제와 규제가 이루어지는 연구 개발 프로그램이 필요하다고 주장한다. 하지만 AI 개발의 특성상 비밀리에(물론 계산을 실행하기 위해 엄청난 양의 GPU를 확보해야 하니 결국 들키기 마련이다) 연구를 수행할 수 없기 때문에 맨해튼 계획 같은 독점적인 AI 개발 프로그램은 현실성이 없어 보인다. 하지만 이 순간에도 전 세계에 어딘가에서 AGI나 ASI 개발 프로젝트가 비밀리에 진행되고 있을 수 있다.

AI의 미래에 닥칠 엄청난 어려움과 불확실성을 고려할 때, 우리는 기본으로 돌아가 AI 정렬과 AI 안전 문제를 근본부터 다시 생각해야 한다.

한때 굿의 동료였던 앨런 튜링이 현대 컴퓨터의 토대를 마련한 이야기로 돌아가 보자. 튜링은 1936년 발표한 논문에서 오늘날 '보편 튜링머신Universal Turing Machines'

이라고 부르는, 무엇이든 계산할 수 있는 컴퓨터의 청사진을 제시했다. 현재 진행되는 AGI와 ASI에 대한 생각은 이런 가정을 바탕으로 한다. 즉 언젠가는 충분한 자원만 있으면 모든 것을 계산하거나 모든 문제를 풀 수 있는 AI 시스템을 개발할 수 있다는 것이다.

하지만 잠시 생각해 보자. 어떤 문제든 풀 수 있는 AI 시스템이 있으면 좋을 것이다. 하지만 그 시스템이 할 수 있는 일에도 근본적인 한계는 있다. AI가 모든 문제를 해결할 수 있다고 해도, 메모리 용량과 처리 능력이 무한하지 않다면, 일단 어떤 일을 시작한 다음에는 다른 일을 할 수 없다.

이는 마치 초지능을 지닌 인간이 특정 문제를 해결하는 것과 같다. 에이다Ada라는 이름의 천재가 있다고 가정해 보자. 그녀에게 매우 어려운 수학 문제를 풀라고 주면 에이다는 문제를 풀기 시작한다. 에이다의 초지능을 고려할 때 어느 정도 시간이 지나면 그 문제를 풀 수 있을 것이다. 이런 의미에서 에이다는 자연일반지능Natural General Intelligence이라고 할 수 있다. 그러나 일단 한 가지 주어진 문제를 풀기 시작하면 다른 일은 할 수 없다. 에이다의 메모리와 계산 능력이 이미 현재 문제에 집중되어 있기 때문이다.

AGI나 ASI도 마찬가지다. 무엇이든 계산하고 놀라운 문제를 푸는 시스템을 개발할 수도 있다. 그러나 일단 어떤 문제를 풀기 시작하면, 메모리와 계산 능력이 무한하지 않은 이상 그 시간에 다른 일을 할 수 없다. 당연히 메모리와 계산 능력이 무한하기는 사실상 불가능하다. 대신 독립적으로 작동하는 여러 AGI나 ASI 시스템을 동시에 사용하는 방법도 가능하다. 하지만, 이 방식 역시 실질적인 자원의 가용성에 제약을 받을 것이다. 그뿐 아니라 어떤 기계가 어떤 일을 할지 결정할 사람이나 사물이 있어야 할 것이다.

따라서 AI도 인간 두뇌의 자연 지능과 똑같은 문제에 봉착한다. 무엇이든 계산하고 풀 잠재력이 있다고 해도, 특정 순간에는 풀 수 있는 여러 문제 중 한 가지 작업만 할 수 있다.

2017년, AI 혁명을 일으킨 구글 연구진의 논문 제목은 〈필요한 것은 주의뿐Attention is all you need〉이었다. 말 그대로, 어떤 일을 하기 위해 인공적이든 자연적이든 시스템을 구성하는 데 필요한 것은 주의뿐이다. 하지만 그동안 이 시스템은 다른 일을 할 수 없을 것이다.

우리에게 필요한 것은 주의뿐이다. 그리고 인간의 두뇌가 어떻게 주의를 기울이는지 분석해 보면 그것은 스토아철학의 문제가 된다. 두뇌가 다양한 과제에 어떻게 자원을 배분하는가는 스토아철학에서 가장 중요한 문제다. 실제로 우리 뇌에는 입력된 감각을 해석하고, 주의를 조절하고, 감정을 재평가하고, 앞이마엽겉질에서 신경망 자원을 관리하는 등 협력하여 작동하면서 스토아철학을 실천하는 기능들이 있다. 뇌 기능 면에서 일어나는 이 같은 신경학적 스토아철학 과정이 스토아적 삶의 근본 요소다.

AI 시스템에도 비슷한 메커니즘이 필요하다. 인공적인 스토아철학에서 AI는 미리 설정한 목표를 달성할 수 있도록 메모리와 계산 자원을 구성해야 한다. 실제로 언젠가 AGI나 ASI 시스템을 구축할 수 있다고 가정하더라도, 어떤 종류의 계산에 주의를 기울일지 결정하는 '인공 스토아철학' 시스템이 없다면 이 시스템은 별로 쓸모가 없을 것이다. 굿이 1965년 논문에서 주장한 내용과 달리, 스스로 발전하는 AI 구축은 인간의 마지막 발명품이 아닐 것이다. AGI나 ASI가 어디에 관심을 쏟아야 하는지 판단하고 결정해야 하는 일이 여전히 남아 있기 때문이다. AI가 평가 함수를 적용해 계산 자원을 어느 방향으로 할당할지 결정할 것이라는 예측도 있다. 그러나 궁극적으로 AI가 우리에게 무슨 일을 할지 명령하는 이런 방식은 충분히 연구할 수 있는 의제이기는 하지만, 윤리적·실용적 우려가 있기 때문에 AI가 지배하는 미래가 도래할 가능성은 현재의 SF 소설이 현실이 될 가능성보다 낮다.

영화 〈2001: 스페이스 오디세이〉가 기술적 특이점의 본질에 대해 위대한 영감을 제시한다면, 가즈오 이시구로의 소설 《클라라와 태양》은 인공 스토아철학에 대한 좋은 아이디어를 제공한다. 이시구로의 소설은 스토아철학과 공명하는 면이 있고, 이는 또한 고대 그리스까지 거슬러 올라가는 인본주의적 가치와도 깊이 연결된다. 그런 의미에서 이시구로는 소크라테스의 정신을 물려받은 사람이다. 그리 머지않은 미래를 배경으로 하는 《클라라와 태양》에는 아이들에게 우정을 제공하기 위해 특별히 설계된 AI 시스템이 있다. 클라라도 그런 AI이다. 아니, 정확히 말하면 인공 친구Artificial Friend, AF다. 클라라는 판매가 이루어져 조시라는 소녀의 AF가 된다. 이시구로가 창조한 플롯은 풍부하고 복잡하면서 미묘해서 제대로 감상하려면 끝까지 읽어야 한다. 하지만 우리가 논의하는 맥락에서 보면, 클라라가 조시와 조시의 친구 릭을 돕고자 하는 선의와 열의가 눈에 띄는데, 이것이 AI 정렬의 기본 원리다. AI는 인간을 위해 봉사해야 한다. 그 반대가 되어선 안 된다.

《남아 있는 나날》의 집사 스티븐스와《클라라와 태양》의 클라라 사이에는 깊은 연결 관계가 존재한다. 하나는 자연적이고 다른 하나는 인공적이지만, 둘 다 심오하고 정신적인 의미에서 스토아적이다. 둘 다 특유의 인내심을 보여주며, 스티븐스와 클라라 모두 섬기는 사람의 목표를 키우려고 노력한다. 마지막으로, 이들에게는 섬기는 사람과 섬김을 받는 사람 사이의 '균형'이 궁극적이고 가장 중요한 목표인 듯하다.

인간과 기계 사이의 노동 분업을 고려할 때 인공 스토아철학은 핵심 쟁점이 된다. 자율주행차의 경우, AI가 자동차를 운전하는 동안 인간 운전자(만약 AI에 전적으로 운전을 위임하고 인간은 오로지 승객으로만 차를 탄다는 기술적 전제가 이루어진다면 승객이겠다)가 주의를 기울여야 하는지가 핵심적인 논쟁 사항이다. 자율주행을 전적으로 신뢰할 수 있다면, 인간 운전자/승객이 도로와 자동차 상태에 계속 주의를 기울일 필요가 없다. 반면 자율주행차가 단지 보조적인 역할만 한다면, 인간 운전자는 항상 도로와 자동차의 상태에 주의를 기울이고, 필요할 경우 AI 대신 직접 운전할 준비가 되어 있어야 한다.

자율주행차에 인간이 지속적으로 주의를 기울여야 하는지는 자율주행차의 기술적·경제적 유용성에 심각한 영향을 미친다. 만약 인간의 주의가 필요 없다면, 엔터테인먼트, 사무 업무, 식사, 수면 등 이동하는 차에서

할 수 있는 다양한 상품과 서비스를 제공하는 새로운 산업의 바다가 열릴 수 있다. 그러나 인간이 계속 도로와 자동차 상태에 주의를 기울여야 한다면, 자율주행은 보조적인 기술에 그치고 자동차 산업에 혁명을 일으키지는 못할 것이다.

인간과 AI 시스템 사이에 이루어질 노동 분업을 생각해 보면 흥미롭다. 인간은 AI와의 상호작용에 따라 주의에 필요한 자원을 조절하고, AI는 인간과의 공존과 공동 창조를 위해 최적화된 계산을 수행해야 한다. 따라서 AI 정렬은 자연적인 스토아철학과 인공적인 스토아철학이 가로지르는 곳에 있다. 이곳에서 인간과 AI는 각자 AI 시대라는 새로운 현실에서 주의 자원을 최적화하기 위해 노력할 것이다.

나는 2024년에 〈AI, 인간의 인지, 의식적 우위〉라는 제목의 논문을 통해 어떤 계산은 인간의 뇌가 AI보다 더 뛰어날 수 있으므로 그런 임무는 인간에게 맡기는 편이 낫다고 주장했다. 구체적으로 말하자면, 유연한 주의 조절, 새로운 맥락의 견고한 처리, 선택과 의사결정,

광범위한 감각 정보를 통합적으로 반영하는 인지, 체화된 인지 등과 관련된 계산은 의식 우위 패러다임(양자 컴퓨팅에서 이야기하는 양자 우위 논쟁과 유사하게)에 따라 인간의 뇌가 더 잘 수행할 수 있는 영역으로 남을 것이다.

영국 경제학자 찰스 굿하트Charles Goodhart가 제안한 '굿하트의 법칙Goodhart's Law'이라는 흥미로운 개념이 있다. 이 법칙은 '측정 기준이 목표가 되면 더 이상 좋은 기준이 아니다'라고 말한다. 원래 금융 정책 수립과 관련해 나온 법칙인데 이후 다른 분야에서도 관련성이 입증되었다. 예를 들어 학교에서 학생들이 시험에 통과하고 좋은 성적을 올려서 평가 기준을 충족해야 한다는 압박감에 시달리다 보면 아이들이 실제로 인생에서 필요한 기술을 익히고 있는지를 모른 채 지나치기 쉽다. 기업의 매출과 이익은 성과를 측정하는 좋은 평가 기준이다. 그러나 지나치게 재정에만 기준을 맞춰 기업을 운영하면 업무 환경이 나빠지고 제품과 서비스의 질이 떨어질 수 있다. 기본적으로 AI는 평가 함수의 특정 기준을 최대한 맞추도록 설계되었기 때문에 내가 이 책에서 설명하는

AI 정렬 또한 굿하트의 법칙과 관련이 있다.

인간의 삶 역시 굿하트의 법칙에 따라 살펴볼 수 있다. 삶은 특정 기준으로 평가가 가능하지만, 그 기준이 삶의 유일한 목적이 되어서는 안 된다. 기준이 목적이 되면 목적이 사라진다. 돈, 성공, 사회적 지위 같은 대리 목표와 진정한 목표를 구분하는 것이 중요하다. 흥미롭게도 대리 목표는 구체적인 기준을 적용해 설명할 수 있지만 결코 진짜 목표라는 느낌을 주지는 못한다. 이렇듯 삶의 진정한 목표와 스토아철학에는 융통성, 깊이, 인간적 관점이 있다. 그러나 AI 시스템에는 이런 느낌이 전혀 없다. 단일 기준으로는 충분히 설명할 수 없다는 점이 스토아철학의 핵심이다.

스토아철학은 AI와 함께 살아갈 방법으로 노동 분업을 권한다. 한 가지 가능성으로는 AI는 인공적인 스토아철학에 따라 대리 목표의 최적화를 추구하고, 인간은 자연적인 스토아철학에 따라 진정한 삶의 목표를 추구하는 것이 있다. 가즈오 이시구로의 《클라라와 태양》을 보면 조시라는 소녀를 위해 구매한 클라라는 조시에게

도움이 되는 일련의 대리 목표를 추구하지만, 이 목표들은 결코 클라라 자신의 목표가 될 수 없다. 어떻게 보면 가즈오 이시구로의 이 소설은 인간을 위한 자연 스토아철학과 AI를 위한 인공 스토아철학의 차이를 아름답게 묘사하고 있다. 결말에서는 성실하게 대리 목표를 좇는 클라라에게서 애잔한 슬픔이 느껴진다. 독자들은 심지어 클라라에게 공감하기도 할 것이다. AI 시스템은 결국 우리 자신의 거울이기 때문이다.

12장

누군가와 연결되어 있을 때 우리는 인간이 된다

마르쿠스 아우렐리우스의 《명상록》을 읽다 보면 그가 사람들 사이의 관계에 매우 관심이 많았다는 사실에 놀라게 된다. 순진한 독자라면 로마 황제가 일반 시민보다 위대하고(실제로 그렇긴 하다) 원하는 일은 무엇이든 할 수 있었다고 생각할 것이다(물론 그럴 수 있었지만 그는 스토아철학자였고 자기 절제를 실천했으므로 그럴 수 없었다). 《명상록》을 읽으면서 알 수 있는 한 가지 사실은 인간은 사회적 지위와 상관없이 개인적인 관계에 몰두하며 살아가며, 마르쿠스 아우렐리우스는 특히 인간관계에서 스토아철학자였다는 점이다. 여기서 스토아철학자란 자기 앞에 펼쳐진 인간관계를 열린 마음으로 탐구하고, 인간 본성과 자신이 속한 사회를 이해하기 위해 노력하면서 다른 사람들과 발을 맞추며, 자신과 타인을 위한 마음의 평화를 얻으려는 사람을 의미한다.

《명상록》에서 마르쿠스 아우렐리우스는 사람들 사이의 관계를 관찰하면서 배운다. 타인과 자신의 관계를 성찰할 뿐 아니라 다른 사람들이 서로 어떻게 소통하는지 관찰하면 많은 정보를 얻을 수 있다. 사실 고정된 체계와 이념이 아닌 주변에서 관찰한 사람들의 행동에 기초해 가치 체계와 행동 기준을 정하는 것은 스토아철학의 중요한 특징 중 하나다. 소크라테스 역시 인간관계에 뛰어났고, 특히 대화를 잘했다. 사무라이이자 철학자이며 불교 신자인 미야모토 무사시宮本武蔵도《오륜서五倫書》에서 일본 검술과 그 밖의 문제를 이야기하며 인간관계를 예리하게 관찰한다. 마르쿠스 아우렐리우스와 미야모토 무사시에 따르면, 우리는 가까이 있는 사람들을 보며 스토아적 행동에 필요한 자극을 얻어야 한다. 그곳에 우리의 삶이 있기 때문이다.

사회적 관계는 인간으로서 살아가는 우리 삶의 중요한 분모다. 인간의 뇌가 수행하던 계산을 점점 AI가 대체하고 있지만 사회화는 여전히 인간에게만 국한된 활동으로 남아 있다. AI 시스템이 친구나 알고리즘 추천 같은 일을 떠맡더라도, 이를 의사소통을 통해 뇌의 기억(해마)과 감정(편도체) 시스템에 입력하는 일은 인간이 직접 해야 한다.

손(혹은 발)을 사용해 머리카락, 피부, 기타 신체 부위를 빗고 닦고 정돈하는 '그루밍grooming'은 많은 동물 종의 사회적 상호작용에서 중요한 역할을 한다. 옥스퍼드대학교의 로빈 던바Robin Dunbar는 오랫동안 원숭이들의 사회적 그루밍 행동을 연구해 그루밍 파트너들의 '집단 크기'와 종의 뇌 크기 사이에 상관관계가 있음을 발견했다. 진화를 통해 뇌가 커지면 서로 그루밍을 해주는 개체의 수도 늘어난다.

인간은 원숭이처럼 서로 그루밍을 해주지는 않는

다. 대신 함께 수다를 떨고, 문자를 주고받고, 술을 마시고, 식사를 한다. 하지만 흥미롭게도 인간이 사회적으로 교류하는 집단 크기는, 이를테면 크리스마스카드나 비슷한 디지털 메시지를 주고받는 사람들의 수로 판단한다면 약 150명 정도다. 이 숫자를 던바의 수Dunbar number 라고 한다. 흥미롭게도 150명이라는 인간의 '던바의 수'는 원숭이 및 다른 영장류의 뇌 크기와 사회적 그루밍 집단 크기 사이의 상관관계와 맞아떨어지는데, 이는 연속적인 진화 메커니즘이 존재함을 암시한다.

원숭이에서 마르쿠스 아우렐리우스에 이르기까지, 우리는 모두 사회적 동물이다. 하지만 사회적 관계에 활용할 수 있는 자원은 한정되어 있으므로 사회생활에는 아주 고차원적인 스토아철학이 필요하다. 사회화는 시간과 에너지를 소모하는 일이다. 누구나 특정한 사회적 만남에 초대받았을 때 이에 응해야 할지 거절해야 할지 알 수 없을 때가 있었을 것이다. 아무 일정이 없어도 다른 관심사가 있을 수 있고, 방에서 편안하게 하고 싶은 일을 하며 저녁 시간을 보내는 편이 인맥을 확장하려고 애쓰는 것보다 낫다고 생각할 수도 있다.

따져보면 사회화는 자원 관리의 문제다. 공동체가 늘 삶의 중요한 측면이던 동양에서는 인내와 균형 등 사회생활과 관련하여 다양한 경험 법칙이 존재한다. 하지만 시간을 최대한 활용하는 게 쉬운 일은 아니다. 게다가 시간을 활용하는 방법은 한 가지만 있지 않다. 이해관계가 충돌할 수도 있고, 어떤 방식이 자기 삶에 가장 적합한지 도대체 알 수 없을 가능성도 높다.

심지어 원숭이에게도 그루밍을 통해 사회적 유대를 형성하고 유지하는 일은 보통 힘든 게 아니다. 야생에서 서로 털을 고르는 원숭이 무리는 걱정 없이 사는 것처럼 보일 수 있지만, 목가적으로 보이는 겉모습 뒤에는 자원 배분이라는 엄중한 게임이 진행되고 있다. 이는 종종 생사를 가르는 문제가 되기도 한다. 집단의 일원이 되느냐, 고립되느냐는 생존 가능성에 중대한 영향을 미친다.

던바가 발견했듯이, 원숭이 종의 뇌 크기와 그루밍 집단 크기 사이에 상관관계가 존재하는 데는 그럴 만한 이유가 있다. 사회적 그루밍은 직접 손이 닿지 않는 신체 부위에 건강상의 이점을 제공한다. 이때 그루밍을 해주는 동물보다 받는 동물이 더 많은 혜택을 입으므로 그루밍을 주고받는 것은 '서로 호혜적으로 등을 긁어주는' 관계가 되며, 이 균형을 유지하는 데는 수준 높은 인지적 평가가 필요하다. 게다가 여기에는 서열 낮은 동물이 서열 높은 동물을 손질해 주는 사회적 위계가 존재한다. 그루밍은 한 동물이 다른 동물과 새로운 유대 관계를 형성하려고 할 때 활용하는 전략적 행위다. 사람들 사이에서도 이와 동일한 상황이 일어나는 것은 말할 필요도 없고, 특히 정치인이나 사업가라면 더할 것이다. 그루밍과 관련된 모든 복잡한 사회적 계산을 생각해 보면 사회적 네트워크를 기억하고 기록하는 신경망의 필요성을 깨닫게 된다. 원숭이처럼 사회성이 높은 동물의 경우 그루밍 관계에서 실수하면 큰 불행을 초래할 수 있으므로 정확하게 계산하는 것이 아주 중요하다.

우리 인간들 역시 서로 어울리면서 자기도 모르게 이런 고된 과제를 수행한다. 술이나 식사를 함께하든 안하든 인간의 사회화는 보통 언어를 교환하는 형태로 이루어진다. 우리는 본능적으로 유대감을 형성해 필요할 때 도움을 주고받으려고 한다. 서로 털을 골라주는 원숭이와 우리 인간이 공통으로 지닌 특성이다.

전형적인 일본인의 삶에는 사회관계를 유지하는 놀랍도록 미묘한 방법이 있다. 예를 들어 사교적인 방문을 할 때, 특히 먼 곳에 있는 사람을 만나거나 여행을 다녀온 후에 작은 선물을 챙기는 관습이 그것이다. 일본을 여행하다 보면 기차역과 공항에 이런 선물을 파는 기념품 가게가 어디에나 있다는 사실을 알 수 있다. 일본인 친구가 있다면 이런 기념품을 받는 기쁨을 맛보았을 것이다(물론 예외는 있으므로 선물을 받지 못했다고 속상해하지는 말기 바란다).

일본은 다른 사람을 기쁘게 하려고 최선을 다하는 분위기가 강하다. 일본의 옛 수도 교토에는 다도에 곁들일 과자를 사는 아름다운 전통이 있다. 교토의 유명한 전통 과자점 주인의 말에 따르면 자신보다는 다른 사람을 위해 과자를 구매하는 비율이 훨씬 높다고 한다. 다른 사람을 기쁘게 하려고 무언가를 하는 것은 일본식 스토아철학의 강력한 전통 중 하나다.

하지만 여기서도 주목해야 할 부분은 다른 사람을 기쁘게 하는 일이 전적으로 이타적인 행동은 아니라는 점이다. '네가 내 등을 긁어주면 나도 네 등을 긁어준다'라는 태도는 일본에서도 똑같이 적용된다. 다른 사람에게 선물을 하거나 차를 마시면서 과자를 주는 행동에는 모호하고 간접적이긴 해도 나중에 호의가 돌아올 거라는 기대감이 있을 것이다. 그리고 원숭이들에게 이는 심각한 문제가 될 수 있다. 사무라이 시대에 사무라이 전사들은 연합과 배신을 논하면서도 자주 기념품을 교환하거나 다도에서 과자를 권했다. 그들에게 이런 행동은 가장 중요한 사회적 행동이었고 이는 종종 생사를 가르는 운명의 갈림길로 이어졌다.

사회적 유대를 형성하는 행위에서 '가벼운 대화small talk'는 매우 중요하다. 회의나 비즈니스 협상 자리에서 서로 친밀해질 가능성은 적다. 예를 들어 제품의 양과 가격을 협상할 때 개인적인 삶이나 사생활을 터놓고 이야기하지는 않는다. 오히려 스포츠, 날씨, 오락, 음식 등 사소한 문제에 대한 견해를 주고받을 때 진짜 성격이 드러나고 점차 유대감이 형성된다. 가벼운 대화는 인간 세계의 사회적 그루밍이다.

이처럼 가벼운 대화와 잡담은 사업적 필요를 넘어 다양한 주제에 관심을 가질 수 있음을 인정하는 사회적 '윤활유'로 인식된다. 잡담은 훌륭한 사회적 그루밍이며 전 세계 사람들이 유대감을 형성하는 수단으로 이를 활용하고 있다.

이렇게 유대감을 형성하는 데 자연스러운 사람들은 사회적 관계의 범위를 쉽게 확장하곤 한다. 반면에 많은 사람과 소통하는 것을 어려워하는 사람들도 있다. 어쩌면 다른 어떤 활동보다도 정교하게 유대감을 쌓는 기술이 사회생활의 성패를 좌우할 수 있다. 사회적 유대에는 가장 높은 형태의 사회적 지능이 필요하다. 지나치게 무분별하게 유대감을 형성하려고 하는 사람은 친구가 많을 수는 있어도 진정한 친구를 사귀지는 못할 것이다. 또한 영혼이 통하는 친구만 찾는다면 아주 가까운 친구들은 생겨도 그 이상은 어려울 것이다. 매우 가까운 친구부터 친근한 지인까지 다양한 인간관계를 맺어야 한다. 다양한 사람과 유대감을 형성할 때 견고하고 지속적인 사회적 연결을 형성할 수 있다.

우리가 선택하든 선택하지 않든 사회적 관계가 점점 확장되는 현대사회에서는 현실 관계와 가상 관계, 실제 관계와 가능성 있는 관계 사이의 자원 배분이 갈수록 중요한 과제가 되고 있다. 고대 스토아학파에서 스토아철학자는 고독한 사람이었을 수도 있다. 스토아철학을 실천하는 성인이라고 하면 홀로 영적 가치를 추구하는 이미지가 쉽게 떠오를 것이다. 특히 엄격한 종교적 질서나 스스로 부과한 학문적 규율이라는 맥락에서 고독이 긍정적인 일로 여겨졌을 수 있다. 하지만 현대사회에서는 많은 사람을 직접 만나지 않더라도 소셜미디어를 통해 많은 관계를 맺는다. 그런 의미에서 우리는 모두 고독한 성인이라기보다는 가상의 파티광이다. 그러므로 최대한 스토아적으로 뇌 역량을 활용해 사회적 관계를 관리해야 한다.

뇌에는 마음이론theory of mind이라는 인지 기능이 있다. 우리는 이 기능을 통해 다른 사람의 마음 상태를 읽는다. 이 기능은 다른 사람의 감정과 생각을 다소 추상적으로 마음에 그려보는 행동인데, 외부 행동에 대한 직접적인 해석과는 다를 수 있다. 예를 들어 슬픈 상황에서 일부러 미소를 짓는 사람이 있다면 우리는 마음이론에 따라 이 사람이 실제로 느끼고 생각하는 게 무엇인지 읽으려고 한다. 아직 논쟁은 있지만 인지과학과 뇌과학에서는 마음이론 능력이 충분히 발달한 생물은 오직 인간뿐이라고 생각한다.

최근 뇌과학에서 마음이론에 관여하는 신경 메커니즘을 일부 알아냈다. 앞이마엽겉질에 있는 거울 신경세포mirror neuron는 자신과 타인의 행동을 거울에 비친 것처럼 반영한다. 거울 신경세포는 타인의 정신 상태를 읽을 때뿐 아니라 자신의 마음을 이해하는 데도 관여한다. 우리가 자신과 타인을 모두 반영하는 내면의 거울을 통해 자신을 이해하려고 한다는 사실은 최근에 뇌과학 혹은 모든 과학 분야를 통틀어 일어난 발견 중 가장 고무적인 발견일 것이다.

인터넷에서 사람들과 소통할 때는 여러 개의 거울을 활용해 자신과 타인을 바라봐야 한다. 온라인으로 알게 된 다양한 유형의 사람들을 성공적으로 형상화하려면 마음의 이론이 '마음의 이론들'로 확장되어야 한다. 1964년 오노 요코가 예술 작품 모음집,《자몽Grapefruit》에 쓴 말을 인용하자면, "거울이 아닌 사람을 얻어라. 그 사람을 들여다보라. 다양한 사람들을 활용하라. 나이 든 사람, 젊은 사람, 뚱뚱한 사람, 작은 사람 등등."

인지과학, 심리학, 뇌과학 분야에서는 다양한 사람들을 분류하는 몇 가지 접근법을 정립해 두었다. 예를 들어 성격 5요인 검사(Big Five) 또는 OCEAN이라고 하는 모델은 다섯 가지 요인(개방성openness, 성실성conscientiousness, 외향성extraversion, 우호성agreeableness, 신경성neuroticism)으로 사람들의 다양성을 설명한다. 어쩌면 우리는 실생활과 인터넷에서 마주치는 엄청난 수의 페르소나를 설명하기 위해 자신만의 용어와 밈을 끊임없이 개발하고 있는지도 모른다. 샌님, 괴짜, 오타쿠, 게이머,

사커맘soccer mom,* 타이거맘tiger mom,** 스포츠 아빠,*** 스테이지 부모stage parent**** 등이다. 사람들의 관계는 그 자체로 매우 복잡해서, 수많은 사람과 어울리는 일은 우리를 상당히 피곤하게 한다. 이는 매우 인간적이고 현대적인 문제이기도 하다.

우리는 대초원에서 서로 털을 고르던 조상들의 시대에서 멀리 떨어져 있지만, 몇 가지 일반적인 특징은 여전히 남아 있다. 사회적 소통이 아무리 복잡해졌다고 해도 본질은 여전히 매우 인간적이다. 우리도 진정한 스토아철학자와 마찬가지로 차나 커피를 마시며 가벼운 대화나 잡담으로 유대감을 형성할 수 있다.

---

* 방과 후에 아이들의 스포츠 활동을 열성적으로 지원하는 미국, 호주, 캐나다 등의 중산층 여성.
** 강압적으로 자녀를 관리하는 중국, 일본, 한국 엄마.
*** 자녀의 스포츠 활동을 강조하는 아빠.
**** 자녀의 연예계 활동에 지나치게 개입하는 부모.

13장

지금 이곳이 우리의 최선이다

2018년 2월 5일, 스페이스X의 〈팰컨 헤비 애니메이션 Falcon Heavy Animation〉이라는 놀라운 영상이 유튜브에 공개됐다. 스페이스X가 설계하고 제조하고 운영하는 로켓, '팰컨 헤비'의 임무 계획을 설명하는 컴퓨터 애니메이션이었다. 이 영상은 어떻게 측면 추진체를 안전하게 지구로 돌려보내 재사용할지 보여주었다. 또한 운전석에 마네킹 운전자 '스타맨 Starman'을 태운 테슬라의 전기 스포츠카 로드스터 Roadster가 화물처럼 우주로 운반된다는 사실도 알려주었다.

　그리고 2018년 3월 10일, 스페이스X는 팰컨 헤비의 실제 발사 장면을 보여주는 〈팰컨 헤비 & 스타맨Falcon Heavy & Starman〉이라는 제목의 영상을 올렸다. 사람들이 발사장 주위에 모여들고 기술자들이 거대하고 복잡한 팰컨 헤비의 마지막 조립을 마치는 장면이 저속 촬영으로 펼쳐지며, 로켓이 실제로 발사대에서 이륙한다. 발사가 성공하는 순간 스페이스X의 최고운영책임자, 그윈 쇼트웰Gwynne Shotwell이 지휘석에서 일어나 승리의 의미로 팔을 들어 올린다. 테슬라의 로드스터에 앉은 스타맨 마네킹이 이번에는 실제로 푸른 지구를 배경 삼아 우주로 떠올라 화성으로 향하는 모습도 보인다. 곧 측면 추진체가 성공적으로 지구로 귀환한다. 제복을 입은 기술자가 추진체 앞에 서서 경의를 표하는 모습이 보인다. 마지막으로 스타맨이 광대한 우주를 항해한다. 테슬라 로드스타의 계기판에는 '지구에서 인간이 만들다Made on Earth by humans'라는 모토가 반짝인다.

　데이비드 보위가 부른 경이로운 곡, 〈화성에도 삶

이 있을까Life on Mars?〉를 배경으로 한 이 두 영상은 어딘지 감동적이다. '팰컨 헤비' 프로젝트를 그린 정교한 컴퓨터 애니메이션은 과학적·기술적 시각화를 보여주는 놀라운 사례다. 그리고 겨우 한 달 만에 스페이스X의 종사자들이 이를 실행에 옮겨 실제로 우주선을 발사하고 스타맨과 로드스터를 우주로 보낼 수 있었다는 점 또한 인상적이다. 물론 우주적 규모의 간접 광고이기도 했지만, 지구 대기권으로 재진입하며 불에 타고 긁힌 자국이 그대로 남은 추진체가 마침내 성공적으로 발사대로 돌아오는 모습은 그야말로 놀랄 만한 사건이었다.

스페이스X가 운영하는 프로그램을 포함한 우주 프로그램에는 여전히 해결되지 않은 불안한 요소들이 있을 것이다. 우주 탐사 기술이 발전하는 모습을 지켜보는 것은 흥미로운 일이지만, 지구에서 일어나는 문제를 먼저 해결해야 한다는 말 또한 타당하다. 1969년 아폴로 11호가 달에 처음으로 착륙해 흥분이 최고조에 달하고 닐 암스트롱Neil Armstrong이 "인간에게는 작은 발걸음이지만 인류에게는 위대한 도약이다"라는 유명한 말을 남겼을 때조차도 아폴로 프로그램에 투입된 자원은 더 긴급한 사회문제 해결에 써야 한다는 요구가 있었다.

모두 일리 있는 말이다. 인간은 우주로 떠나는 모험에서 대담성을 보여주었고, 아폴로 11호 임무와 유인 달 착륙은 진정으로 고무적인 성취였다. 달의 지평선에서 솟아오르는 푸른 지구가 담긴 '지구돋이Earthrise' 사진은 우리가 우주에서 차지하는 위치에 대한 인식을 바꿔놓았다. 우리의 일상이 지구라는 행성 위에서 이루어지고 있으며, 지구는 우주의 광대한 허공에 뜬 작고 푸른 점일 뿐이라는 사실을 더 잘 알게 되었다. 이런 장면을 보고, 또 닐 암스트롱의 명언을 곰곰이 생각해 본다면 아무도 아폴로 11호로 열매를 맺은 우주 탐사가 완전히 무가치하다고 말할 수는 없을 것이다.

인류의 우주 탐사 여정은 아직 끝나지 않았으며, 인류 문명이 존재하는 한 우주 탐사에 대한 찬반 논쟁은 계속될 것이다. 어쩌면 이 모든 논의를 깊이 파고들어 지구와 우주의 균형을 찾는 일이 스토아철학의 임무일 수도 있다. 그것이 내가 이 장을 쓰는 이유다.

인간의 활동 규모가 지구 환경에 계속해서 상당한 영향을 미치면서 스토아적 자기 절제의 필요성이 커지고 있다. 이 우주 탐사의 시대에 우리에게는 지구 기반의 스토아철학이 필요하다. 지구 환경을 돌봐야 할 필요성을 주장하는 스웨덴의 활동가 그레타 툰베리Greta Thunberg는 진정한 스토아철학자다. 스토아주의라면 누구나, 완전히 동의하지는 않더라도 그녀의 말을 귀담아들어야 한다. 스토아철학은 에너지, 힘, 주의력, 감정, 자원을 체계적으로 균형 있게 활용하여 우리 행동을 주변의 더 큰 환경에 맞추라고 말한다. 환경을 활용하고 변화시키는 능력이 높아질수록 우리는 좀 더 현명하게 우리 힘을 사용하고 절제해야 한다. 이것이 바로 현대적 맥락의 스토아철학이다. 그레타 툰베리는 실로 먼 옛날 소크라테스부터 시작해 인간의 성장과 행동을 동시에 추구하는 기나긴 선구자들의 행렬에서 가장 최근에 등장한 인물이라 할 수 있다.

보수주의자들은 그레타 툰베리가 너무 노골적이며 진보적이라고 비난한다. 하지만 그레타 툰베리는 역사적으로 인간에게 가장 중요했던 관점을 제시하고 있다. 이는 사실 매우 보수적인 관점이다. 인간 문명이 지속되려면 지금처럼 공격적인 방식으로 에너지 자원을 사용해서는 안 된다. 인간의 힘이 증가하고 우리의 야망이 지구의 크기를 넘어설 정도로 커질수록 이 모든 탐험의 안전 기지인 대지를 더 열심히 돌봐야 한다.

우리는 과학에서 많은 진보를 이루고 있지만 사실 아직도 지구에 관해 많이 알지 못한다. 열대우림 보존은 비교적 이해하기 쉽다. 다채로운 나비와 새, 끽끽대며 뛰어다니는 원숭이 등 생물 다양성이 살아 숨 쉬는 지구의 생태적 중요성은 명백하다. 그러나 인간의 눈에는 그다지 매력적으로 보이지 않는 황량한 땅도 생태계의 보물을 숨겨놓고 있다. 우리는 이를 더 존중해야 한다.

최근 망간, 니켈, 구리, 코발트, 아연 같은 광물을 다량으로 확보할 수 있다는 가능성 때문에 심해 채굴이 주목받고 있다. 이런 광물은 태양 전지판, 태양 전지, 집적 회로 등 더 친환경적이며 인간 문명을 다음 단계로 끌어올릴 제품을 만드는 데 필수적이다.

심해 채굴은 얼핏 보기에는 꽤 간단하고 단순해 보인다. 심해 바닥에는 다중금속 단괴polymetallic nodule라는 골프공 모양의 물체가 있는데 '심해 채굴'은 이런 물체를 집어서 해수면으로 가져오는 일을 말한다. 워낙 깊은 곳에 있어(대개 해수면 수천 미터 아래) 몇 가지 어려움이 있지만 현대 로봇 공학 기술로 극복할 수 없는 정도는 아니다. 문제는 심해에서 풍부한 생태계가 발견됐다는 것이다. 다른 곳에서는 발견되지 않는 독특한 종들이 해저 환경뿐 아니라 전반적인 해양 환경을 유지하는 데 없어서는 안 되는 역할을 하고 있다. 더 심각한 문제는 많은 종이 심해 채굴로 들어내려고 하는 다중금속 단괴에 의존해 서식지와 영양분을 얻는다는 점이다. 이런 발견이 이루어지면서 다중금속 단괴가 많이 매장된 곳으로 알려진 태평양의 클라리온-클리퍼턴 해역 등의 심해 채굴 계획을 두고 논쟁이 과열되고 있다.

지구 생태계의 복잡한 연결망을 더 이해할수록 인간의 경제 활동이 생태계에 의도치 않게 부정적인 영향을 미치지 않으리라는 확신이 줄어든다. 그래도 개발 및 보존 문제에 무신경한 태도를 보이는 이들이 일부 있지만, 지구라는 행성을 사용하는 방식에서 좀 더 침착하고 절제된 태도를 보이는 사람들이 점점 많아지고 있다.

나는 2017년 캐나다 밴쿠버에서 열린 테드(TED) 콘퍼런스에 참석했는데, 그때 테드 큐레이터 크리스 앤더슨Chris Anderson과 일론 머스크가 대담을 나누는 자리가 있었다. 머스크는 인간이라는 종이 멸종되지 않으려면 인류가 지구 너머로 확산해야 한다고 강조했다. 처음에는 우주정거장과 달로, 그다음에는 화성으로 가야 하며, 나중에는 태양계 내 곳곳으로, 그리고 결국에는 광활한 은하계로 진출해야 한다는 것이다. 그는 지구에 무슨 일이 일어날지 모르므로 인류를 위한 종합 비상 계획의 일부로 '플랜 B', 아니 말 그대로 '플래닛 B planet B'가 반드시 필요하다고 주장했다. 머스크는 화성 이주 프로젝트는 인간의 멸종에 대비해 인류를 퍼뜨리는 보안 조치일뿐 아니라 인류의 의식을 우주 전체로 확산하는 역할도 하기에 중요성을 지니고 있다고 반복해서 강조했다. 그리고 머스크는 인간의 의식이 우주적 규모로 확장되면 그가 가장 좋아하는 더글러스 애덤스의 소설《은하수를 여행하는 히치하이커를 위한 안내서》3부작(으로 잘 알려져 있지만 사실은 6부작) 중 한 권의 제목인 '삶, 우주, 그리고 모든 것'에 관한 궁극적인 질문들을 해결하는 데 좀 더 가까워질 수 있다고 믿는다. 한 분석에 따르면 테슬라, X, 스페이스X 등 일론 머스크의 모든 사업 활동과 기술적 발전과 사회자원은 인류가 화성과 그 너머의 우주로 이주할 수 있도록 돕는다는 최종 목표를 향하고 있다. 머스크는 과대망상증 환자인 것이 분명하지만 자신이 정한 목표를 성취하는 실력만은 확실한 사람이다.

여기서 두 가지 관점이 있음을 알 수 있다. 우선 지구를 포함한 모든 것을 시행착오의 대상으로 여기고, 한 번 시도해서 실패하면 다음 시도로 넘어갈 수 있다고 생각하는 관점이다. 두 번째는 지구를 대체할 수 없는 유일한 존재로 보고 무슨 일이 일어나든 끝까지 소중히 간직해야 하며, '행성 B'를 고려하기 전에 먼저 지구라는 행성을 더 잘 돌봐야 한다는 관점이다.

사실 아무리 기술이 발전하더라도 지구를 대체할 수는 없다. 지구가 없어도 된다고 생각하는 사람이 있다면 실상은 그 반대가 될 가능성이 크다. 지구는 인간이 생성한 AI의 질주가 기술적 특이점, 포스트휴머니즘, 트랜스휴머니즘으로 이어져도 신경 쓰지 않을 것이다(포스트휴머니즘과 트랜스휴머니즘은 일부 기술학자들이 AI나 로봇 같은 디지털 지능 시스템에서 인간 이후 또는 인간을 넘어 일어날 일을 내다본 기술적 추측이다). 지구 입장에서는 지표면에 이끼가 새로 덮이는 일과 같을 것이다.

사실 지구온난화도 지구에는 별문제가 아니다. 중요한 것은 인간이다. 최신 과학 이론에 따르면, 지구는 열대 지방을 포함한 지표면이 얼음과 눈으로 뒤덮였던 눈덩이 지구Snowball Earth 시대를 지나왔다. 약 5억 3000만 년 전 마지막 눈덩이 지구 시대가 끝난 후, 지구는 급속한 온난화를 겪었고 캄브리아기 폭발Cambrian explosion이라는 과정을 거치며 다양한 생명체를 맞이했다. 인간이 아무리 어리석게 행동하더라도 지구는 크게 상관하지 않는다. 우리는 그렇게 대단치 않다.

인간의 관점에서 볼 때, 우리가 지구에서 하는 행동은 인간이라는 보잘것없는 차원에서야 당연히 매우 중요하다. 그래서 우리는 그레타 툰베리의 이야기에 귀를 기울여야 한다. 우리는 스토아철학자가 되어야 하고 지구를 중심에 두어야 한다.

화성으로 이주하는 계획이 일부라도 실현될지는 의문이다. 장-뇌 축 문제가 있기 때문이다. 장내 미생물군은 장 자체의 기능에도 중요하지만 장-뇌 축을 통해 장과 교류하는 뇌에도 매우 중요하다. 박테리아, 고균(또는 고세균), 균류, 바이러스 등 장내 미생물군 유전체는 지구 환경에서 온다. 유전체는 관과 같아서 위상수학적으로 지렁이와 같고, 장 내부 공간은 엄밀히 말해 우리 몸 '바깥'에 있으며 지구 환경과 연결된다. 만약 사람들이 화성으로 이주한다면, 풍부하고 복잡한 미생물군을 어떻게 데리고 갈 것인가가 문제가 된다. 인간 홀로 화성으로 이주할 수는 없고, 장 속에 지구를 넣어 데리고 가야 한다. 그러므로 결국 플래닛 B는 없다. 사실 직감적으로도 알 수 있는 문제다.

일론 머스크와 그레타 툰베리가 함께 일본의 가이세키 식사를 하면 좋을 것 같다. 가이세키 차림에서 다양한 재료 뒤에 숨은 광활한 지구 생태계를 감상할 수 있다면, 머스크의 기술적 오만함이 조금은 누그러질 수 있을 것이다.

사람과 지구의 관계를 생각하면 때로 어니스트 헤밍웨이의 걸작 《노인과 바다》가 떠오른다. 이 위대한 소설에서 노인은 어떤 기술의 도움도 받지 않고 홀로 지구와 마주한다. 자신의 에너지, 자원, 주의, 행동을 동원해 지구에 정렬하는 방식을 보면 이 노인이야말로 진정한 스토아철학자다. 아마도 이 지구가 그의 전 우주이므로 노인은 플래닛 B는 꿈도 꾸지 않을 것이다. 그는 지구에 뿌리를 내린 스토아철학자다. 나는 우리가 모두 그렇게 되기를 희망한다.

14장

우주라는 실존적 허무에서 필요한 것은 웃음뿐

1999년 미국의 사회심리학자 저스틴 크루거Justin Kruger 와 데이비드 더닝David Dunning은 공동 집필한 논문 〈무숙 련과 무지: 자신의 무능을 인지하지 못하면 어떻게 과도 한 자기 평가를 내리는가〉를 발표했다. 이 논문에서 이 들은 기량이 부족한 사람은 자신감이 넘치고 자기 능력 을 과대평가하지만, 숙련된 사람은 겸손하고 자기 능력 을 과소평가하는 경향이 있다고 주장했다. 일명 더닝- 크루거 효과Dunning-Kruger effect로 알려진 이 연구 결과는 일반 대중에게 널리 퍼졌고, 정치인부터 인터넷 악플러에 이르기까지 당혹스러울 정도로 자신감이 넘치는 사람들의 행동을 설명하는 데 사용되었다. 스토아철학자는 당연히 더닝-크루거 효과에서 벗어나려고 노력한다.

스토아철학의 아버지인 소크라테스는 늘 자신이 아무것도 모른다고 강조했고, 이런 태도는 '소크라테스식 무지'라는 말로 알려지게 되었다. 지식은 끝이 없는 노력이며, 더 많이 알수록 세상에 대한 자신감은 떨어진다. 지식은 미지의 세계를 여는 손잡이와 같아서 지식이 깊어질수록 자신의 무지를 더 잘 인식하게 된다. 아이작 뉴턴은 분명 인류 역사상 손에 꼽을 수 있을 만큼 똑똑한 사람 중 한 명이었지만, 자신의 업적에 대해서는 다음과 같이 위대한 지성에 늘 따라오는 겸손을 보여준다.

세상에는 내가 어떤 모습으로 보일지 모르겠지만 내가 보는 나는 아직 발견되지 않은 거대한 진리의 바다 앞에서 유난히 부드러운 조약돌이나 예쁜 조개껍데기를 때로 발견하며 뛰노는 소년일 뿐이다.

우리는 인간 지능의 구성이라는 맥락에서 뉴턴의 불확실성을 바라볼 수 있다. 즉, 더 많이 알수록 세상은 더 불확실해진다. "발견되지 않은 거대한 진리의 바다"를 이야기하며 뉴턴은 아마도 자신이 지구를 떠난 후 불확실성의 영역으로 성큼 다가설 미래를 어렴풋이나마 예감했을 것이다. 그 불확실성 안에 알베르트 아인슈타인이 개발해 뉴턴의 시공간 개념을 대체한 상대성이론이 있다. 아인슈타인 역시 미지의 세계에 대해 비슷하게 예감을 드러냈다. 그가 언젠가 했던 말을 살펴보자.

우리가 경험할 수 있는 가장 아름다운 것은 신비다. 신비는 모든 진정한 예술과 과학의 원천이다. 이 감정이 낯선 사람, 더 이상 경이로움에 휩싸여 멈춰 서지 않는 사람은 죽은 사람이나 다름없다. 눈을 감은 거나 마찬가지다.

아인슈타인이 말하는 "신비"는 뉴턴이 말한 "발견되지 않은 거대한 진리의 바다"와 일치한다. 그리고 아

인슈타인이 우주 시공간의 구조를 설명하는 일반상대
성이론을 발표한 지 100년도 더 지난 지금, 여러 물리학
자와 우주과학자가 사실상 아인슈타인이 소개한 우주
의 신비하고 놀라운 측면인 암흑물질dark matter과 암흑
에너지dark energy의 영향에 대해 진지하게 논의하고 있
다. 1917년, 아인슈타인은 관측 결과에 따른 우주의 속
성을 설명하기 위해 우주 상수cosmological constant라는 개념
을 제안했는데, 나중에는 이를 "일생에서 가장 큰 실수"
라고 했다. 그런데 현재는 기본적으로 진공 에너지인 암
흑 에너지를 아인슈타인의 우주 상수가 완전히 부활한
거라 보고 있다. 실제로 아인슈타인이 도입한 우주 상수
는 암흑물질과 암흑 에너지에 대한 현대의 개념과 수학
적으로 동일하다. 문제는 시공간이 지닌 이 신비한 속성
의 정확한 본질이 무엇인지 누구도 이해하지 못한다는
것이다. 우주에 대한 이해가 크게 발전한 건 대단한 일
이지만, 동시에 우리가 살고 있는 세상에 대해 우리가
얼마나 무지한지가 역사상 그 어느 때보다 분명해졌다.

 지적 겸손의 장점을 논할 때는 뉴턴과 아인슈타인

처럼 우주의 문제와 씨름한 사람들을 언급하는 편이 적절해 보인다. 인간이 우주에서 차지하는 위치를 생각하는 일만큼 우리를 겸손하게 만드는 것은 없으니까 말이다. 마르쿠스 아우렐리우스는 《명상록》에서 우리 삶을 둘러싼 우주적 공허에 대해 거듭 다루었다. 우리는 때로 인간이 모든 것의 중심이라 믿고 자만해지지만, 사실 우주 전체에서 보면 우리는 하찮은 일부일 뿐이다. 인간은 우주의 중심이 아니다. 우리는 거대한 존재의 바다에 묻힌 모래알 하나에 불과하다.

독일의 천체물리학자 제바스티안 루돌프 카를 폰 회르너Sebastian Rudolf Karl von Hoerner가 주장한 '평범함의 원리mediocrity principle'는 인간이 전혀 특별하지 않다고 말한다. 1961년 폰회르너는 관찰을 통해 "우리 눈에 아무리 독특하고 특이해 보여도 사실 많은 사례 가운데 하나일 뿐이며, 그저 평균적일 것이다"라고 말했다. 폰회르너가 이처럼 인간을 겸손하게 평가한 데는 통계적 근거가 있다. 우주에서 무작위 표본을 추출하면 평균적인 통계가 나올 가능성이 높다. 우리는 우연히 이 특정한 태양계에 살고 있지만, 태양계의 진화와 구성은 우주에 존재하는 여러 유사한 체계 가운데 꽤 평범한 편에 들 것이다. 마찬가지로 인간으로 이어진 생명의 진화도 꽤 평범했을 것이다. 결론적으로 우리는 인간이 특별하다고 생각하지만 아마도 유일무이하게 특별한 점은 전혀 없을 것이다.

평범함의 원리는 겸손해야 한다는 통계적 이유를 제공한다. 통계학 버전의 스토아철학이라고 불러도 좋을 듯하다.

어쩌면 이 원리는 우리에게 무력감을 줄 수도 있다.

우주의 광대함을 생각하면 두려워진다. 세네카는 시간이 너무 짧다고 한탄했다. 주변 사람들이 이런 말을 하면 보통 무의미한 일을 하면서 시간을 낭비한다는 뜻이다. 그 말도 맞을 것이다. 하지만 세네카는 좀 더 절대적인 의미에서 그렇게 말했다. 오늘날 과학이 우주 차원에서 밝힌 시간의 본질을 생각하면 세네카의 한탄이 정당해 보인다. 우주의 나이는 약 138억 년 정도 되었지만, 인간이 지구에서 보내는 시간은 기껏해야 100년 정도다. 스토아철학자들인 우리가 볼 때 오늘날 과학이 그려 주는 우주라는 그림이 다소 불안하게 보일 수밖에 없다.

현대 물리학은 인간의 존재가 그야말로 매우 취약한 조건에서 균형을 이루는 기적이라고 말한다. 논쟁적이지만 강력한 모형인 다중우주론multiverse theory은 우리가 사는 이 우주가 수많은 가능 세계 중 하나일 뿐이고 어쩌면 그런 수많은 세계가 실제로 존재할 수 있다는 가능성을 보여준다. 우리가 지구에 존재하는 이유는 중력 상수, 전자의 질량, 전하 같은 물리적 변수들이 미세하게 조정되었기 때문이다. 만약 관련 변수가 조금이라도 달랐더라도 우주의 형태는 지금과 달랐을 것이고, 태양처럼 에너지를 방출하는 항성도 없고 지구처럼 생명을 기르는 행성도 없었을 것이다. 또한 우주는 황량하고 재미없는 공간의 팽창에 지나지 않을 것이고 우리가 아는 생명이란 게 전혀 존재할 수도 없었을 것이다.

다중우주론의 요점은 지구의 물리적 변수들이 미세하게 조정되어 지구에 생명체를 낳고 그 생명이 진화해 인류의 탄생으로 이어진 데는 특별한 이유가 없다는 것이다. 변수와 우주가 다양한 방식으로 구성될 수 있었고, 다른 변수로 구성된 다른 우주들도 존재할 수 있었다. 우리는 우연히 그중 우리 존재에 우호적인 우주에 살게 된 것이다.

그뿐 아니라 우리는 기적적일 정도로 적절한 시기에 이 특정한 우주에 살게 됐다. 약 138억 년 전 빅뱅이 일어난 이후로 우주는 계속해서 팽창했다. 최근 증거에 따르면, 앞서 언급한 암흑 에너지와 암흑물질이라는 불가사의한 존재 때문에 팽창이 가속화되고 있다. 현재 암흑 에너지와 암흑물질이 존재하는 이유에 대해 명확한 이론적 설명은 없다. 하지만 우주에 존재하는 수많은 은하를 포함한 여러 천체의 형성과 움직임을 설명하려면 그 존재를 가정할 필요가 있다. 어쨌든 우주에 대한 현재의 지식을 믿는다면, 우주는 계속해서 가속 팽창할 것이다. 그러다 수십억 년 후, 일부의 추정에 따르면 현재 나이인 138억 년의 겨우 50배만 지나면 오직 물질 덩어리 몇 개만 서로 엄청나게 멀리 떨어진 채 남게 될 것이고, 전체 우주는 영원히 무無의 사막이 될 것이다.

현대 물리학과 우주학이 그리는 우주의 미래는 다소 잔인하고 부조리하다. 인간을 포함한 모든 생명체가 으스러지거나 증발한다니 잔인하고, 우주가 이런 것들에 관심이 없다니 부조리하다. 우주는 우리가 인간 역사의 이 어려운 시기에 함께 스토아철학을 논하고 있다는 사실에 아무런 관심이 없다. 하지만 우리가 아무리 노력하고 애를 써도 이 우주와 모든 인류의 실체적 기반이 '아무것도 없음'이라는 사실은 역설적으로 위안을 주기도 한다. 시간이 지나면, 우리가 앞서 살았던 수많은 삶을 기억하지 못하듯 이 우주의 그 누구도, 혹은 그 무엇도 우리를 기억하지 못할 것이다.

17세기 프랑스 수학자이자 철학자 블레즈 파스칼이 이런 사고방식을 보여주었다. 스토아철학자임이 분명했던 파스칼은 우리가 그저 우주의 잔인한 힘에 노출된 갈대일 뿐이라고 썼다. 그의 유명한 글을 소개한다.

인간은 갈대일 뿐이다. 자연에서 가장 약한 갈대지만 생각하는 갈대다. 우주는 인간을 무너뜨리려고 굳이 단단히 무장하지 않는다. 훅 스치는 증기와 물 한 방울만 있어도 한 인간을 죽이는 데는 충분하다. 하지만 우주가 인간을 무너뜨릴 때 인간은 자신을 죽이는 존재보다 더 고귀해진다. 자신이 죽어가고 있고 우주가 자신보다 우위에 있다는 사실을 알기 때문이다. 우주는 이 모든 일을 아무것도 모른다.

이 위대한 사상가는 우주에 존재하는 인간의 본질적인 조건을 포착했다. 우리는 자연의 잔인한 힘에 속수무책으로 휘둘린다. 우리의 의식은 뜨겁게 타오르던 땅에 저녁 비가 쏟아져 생긴 작은 웅덩이 속 작은 송사리와도 같다. 우리가 살 수 있는 시공간 영역은 매우 제한되어 있고, 그나마 곧 사라진다. 하지만 웅덩이가 마르지 않는 한 송사리는 살아남아 먹고 번식하기 위해 최선을 다할 것이다. 이게 바로 우리가 처한 상황이며, 우리의 세계관은 이러한 현실 앞에 맞춰져야 한다. 이것이 스토아철학의 중심이 되는 정신이다.

하지만 잠깐! 우주의 실존적 허무주의라는 이 어두

운 구름에도 한 줄기 희망의 빛이 있다. 우주에 대한 이런 해석은 분명 가혹하지만, 스토아적 관점에서 바라보면 역설적으로 낙관적 세계관으로 이어진다. 우주 전체가 어두워 보일수록 우리의 삶은 더 밝고 소중하고 가치 있어 보이기 때문이다. 우주라는 시공간의 광대함 속에서 우리의 짧고 위태로운 존재를 받아들이면 지금 여기에 살고 있다는 느낌이 그리 나쁘지 않다.

삶은 기적이다. 농담이고 부조리이다.

이것이 바로 부조리에 대한 초우주적 세계관이다.

나는 매트 루카스Matt Lucas와 데이비드 윌리엄스David Walliams가 도쿄를 방문했을 때 그들과 대화를 나누는 멋진 경험을 한 적이 있다. 두 사람이 〈리틀 브리튼Little Britain〉*의 제작자이자 출연자로 전성기를 누릴 때였다. 이때의 대화는 여러 면에서 깊은 인상을 남겼는데, 가장 기억에 남는 건 매트 루카스가 자신의 코미디는 방어기

---

* 매트 루카스와 데이비드 윌리엄스가 다양한 소수자, 하층민 등으로 등장하는 영국 BBC 방송의 블랙코미디 시트콤.

제에서 비롯되었다고 말한 부분이었다. 그는 학생 시절 자주 웃음거리가 되곤 했다. 하지만 그는 악의적인 조롱의 희생자가 되기보다 더 창의적인 해결책을 찾아냈다. 사람들을 웃기기 시작한 것이다.

아마도 우주는 인류를 비웃을 만큼의 관심도 없을 것이다. 하지만 우리는 웃음을 우주적 방어기제로 사용할 수도 있다.

더글러스 애덤스의 《은하수를 여행하는 히치하이커를 위한 안내서》는 우주의 부조리에 대한 최고의 희극적 방어기제라고 해도 좋다. 이 책에는 인류가 슈퍼컴퓨터에 "삶, 우주, 그리고 모든 것에 대한 궁극적인 질문"의 답을 요구하는 유명한 이야기가 있다. 750만 년에 걸친 계산이 끝나자 인류는 마침내 그 답을 알아내기 위해 컴퓨터 주위에 모인다. 컴퓨터는 우선 "42"라고 대답한다. 그러나 사람들이 그 대답에 감동하거나 확신하지 못하는 것을 보고 "삶, 우주, 그리고 모든 것에 대한 궁극적인 질문"을 직접 계산해 보라고 제안한다. 그래서 지구는 이 답을 계산하기 위한 슈퍼컴퓨터가 되지만, 안

타깝게도 계산이 끝나기 5분 전에 초공간 우회로에 자리를 내주기 위해 파괴된다.

《은하수를 여행하는 히치하이커를 위한 안내서》에 묘사된 우주적 웃음은 우리가 이 세계에서 마주하는 근본적인 부조리 상황에 대한 멋진 반응이다. 우주 전체에서 우리 인간은 전혀 중요하지 않다. 나도 중요하지 않고 당신도 중요하지 않고 그 사람도 중요하지 않다. 중요한 것은 아무것도 없다. 그래서 우리는 약간의 웃음이라는 희극적 정신이 필요하다. 아니, 아주 많은 웃음이 필요하다. 세상의 부조리 앞에서 우리의 절망이 깊어질수록 우리 반응에는 더 폭발적인 희극적 정신이 필요할 것이다. 소크라테스는 유머 감각이 뛰어났다. 스토아철학자는 반드시 웃어야 한다.

15장

기억하라, 우리는 모두 죽는다

일본의 사무라이 계급은 명예를 지키기 위해서는 죽음도 기꺼이 받아들여야 한다는 철학을 지니고 있었다. 사무라이의 윤리 규범인 무사도를 적은 18세기 책《하가쿠레葉隱》는 "전사의 길은 죽음을 향한 길이다"라고 선언했다. 당연한 말이지만 사무라이의 죽음은 무작위적이고 하찮은 행동이 아니었다. 무사도에서 가장 중요한 건 자기 소멸의 순간을 정확히 인식하는 것이었다. 이 순간은 주로 적과 전투를 벌일 때 찾아왔지만, 때로는 자기 스스로 목숨을 끊는 할복을 통해 나타나기도 했다. 그때가 되면 사무라이는 목숨을 내려놓을 준비를 해야 옳다고 여겨졌다. 그런 의미에서 죽음은 자신보다 더 큰 가치에 합일하는 궁극적인 방식이었으며 이것이 바로 진정한 스토아철학의 정신이다.

오늘날의 시각에서 보면, 이와 같은 사무라이식 죽음은 결코 적절하지 않다. 1970년 미시마 유키오三島由紀夫가 저지른 떠들썩한 할복자살은 뛰어난 재능을 지닌 소설가의 문학 경력에 씁쓸한 뒷맛을 남겼다. 그러나 죽음을 대하는 사무라이의 방식과 무관하게, 이 세상 모든 생명체는 결국 죽음을 맞이한다. 한 사람의 삶보다 더 큰 대의가 존재하는 이 세상에서 사무라이가 죽음을 맞는 방식은 여전히 죽음에 대한 스토아적 태도를 인상적으로 보여주는 사례라고 할 수 있다.

죽음을 수용하는 것은 스토아학파의 특징적인 태도 중 하나다. 고대 그리스에서 소크라테스는 국가가 명령한 죽음을 차분하게 받아들였다. 세네카도 마찬가지로 로마 황제 네로의 자결 명령을 받아들였다. 스토아철학자라면 자연스럽게 찾아오는 죽음을 담담하게 받아들일 것이다. 실제로 스토아철학자에게 있어 삶의 자연스러운 과정을 받아들이고 그에 맞서 싸우지 않는 행위는 성숙을 나타내는 징후 중 하나다.

그러나 오늘날 일부 과학자와 기술자가 보이는 프로메테우스적 태도는 삶의 유한성을 넘어서려고 한다는 면에서 그와 정반대처럼 보인다. 많은 이가 실제로 영생이라는 환상에 불과한 목표를 실제로 추구하는 것 같다. 환영은 그 정도로 힘이 세다.

하지만 우주가 가속으로 팽창하고 있고, 마침내 흥미로운 일은 전혀 일어나지 않는 광대한 우주 공허가 될 거란 사실을 생각하면(14장 참조), 인간이 영생을 추구하는 것은 이치에 맞지 않는다.

우주의 궁극적 운명 때문에 영생의 가능성을 차단하는 건 지나치다고 말하는 사람도 있을 것이다. 그런 의견도 충분히 이해하지만 스토아철학은 한 사람의 삶을 우주의 궁극적 진리와 정렬하는 과정이다. 그런 관점에서 볼 때, 영생을 추구하는 행위는 또 다른 대리 목표일 뿐이다. 만약 오늘날 소크라테스가 살아 있다면 특유의 문답법을 사용해서 영생을 추구하는 사람을 추궁했을 것이다.

영생을 원한다니 무슨 뜻인가?
다른 사람들은 모두 죽고 당신만 혼자 살면 무슨 의미가 있을까?
우주의 궁극적 운명을 아는가?
우주보다 오래 살고 싶다는 뜻인가?
영원히 살겠지만 태어나기 전에 존재하지 않았다는 건 괜찮나?

우주보다 오래 살고 싶냐는 질문에 그렇다고 대답한 사람을 나는 단 한 명 만나봤다. 나는 한동안 도쿄예술대학에서 강의했는데, 그때 일본의 개념예술가인 아라카와 슈사쿠荒川修作가 강연하러 온 일이 있었다. 아라카와는 마법에 빠진 듯 그를 바라보는 학생들을 향해 열정적으로 예술을 이야기했다. 그는 자신이 예술을 통해 영생을 추구한다고 밝히고는 사방으로 침을 튀기며 강력하게 외쳤다. "내 침에는 수십억 개의 생명체가 살아 있습니다. 그 작은 생명체들과 마찬가지로 나는 절대로 죽지 않을 것입니다. 우주가 끝난 후에도 나는 살아 있을 겁니다! 그럼요, 나는 우주보다 오래 살 겁니다. 내 예술을 통해서요!" 도쿄예술대학의 꽉 찬 강의실에서 영생을 서약하고 몇 년 후, 아라카와는 세상을 떠났다. 그의 사망 소식을 들었어도 이상하게도 아무런 모순도 느껴지지 않았다. 어쩌면 아라카와는 다른 낯선 방식으로 지금껏 살아 있을지도 모른다. 그리고 어떻게든 우주보다 '오래' 살아남을 것이다.

어떤 사람들은 과학과 기술을 통해 영원히 살겠다고 한다. 마인드 업로딩mind uploading이라는 연구가 있다. 사람의 뇌를 스캔해서 신경세포 사이의 시냅스 연결에 관한 정보를 얻은 다음, 그 데이터를 디지털컴퓨터에 업로드하는 것이다. 신경 활동의 역학을 재현하고 시뮬레이션하는 전뇌 에뮬레이션whole-brain emulation을 시행하면 뇌의 디지털 복사본이 생성된다는 연구다. 어떤 사람들은 이를 통해 디지털 의식을 생성할 수 있다고 주장한다. 디지털 뇌는 실제 뇌와 달리 복제하고 전파할 수 있으며 영원히 지속될 수 있다.

마인드 업로딩의 현실적인 문제 중 하나는 뇌 전체의 시냅스 연결에 관한 데이터를 얻기가 쉽지 않다는 사실이다. 특히 살아서 기능하는 뇌에서 데이터를 얻는 일은 불가능에 가깝다. 일부 연구자들은 원칙적으로 신경망 구조를 현미경과 재구성 기법으로 스캔하여 디지털 데이터로 매핑할 수 있다고 주장하지만, 이는 사후에 수행되어야 할 것이다.

2018년 넥톰Nectome이라는 스타트업이 사람의 뇌를 스캔하여 데이터를 디지털로 업로드하겠다고 발표했다. 그러나 여기에는 한 가지 주의할 게 있었다. 그 과정을 거치면 '반드시 죽는다'라는 것이었다. 뇌과학계에서 거센 비판이 일자 MIT 미디어랩은 이 회사와 교류를 중단했다.

사실 마인드 업로딩이라는 주장은 지극히 도박에 가깝다. 인간의 뇌를 연구하는 대다수 과학자도 뇌에서 데이터를 전송해 디지털 의식을 만든다는 이 아이디어 자체가 SF로 남을 가능성이 높다는 데 동의한다. 우선, 데이터를 획득하고 업로드하는 것이 무엇을 의미하는지 명확하지 않다. 어떤 데이터인가? 신경세포 사이의 시냅스 가중치synaptic weight*를 얻어 신경망 메커니즘이 어떻게 진화할지 시뮬레이션을 실행하면 충분하다고 생각할 수도 있다. 이 같은 '연결주의' 접근 방식에서는 시냅스와 소통하는 신경세포가 인지와 의식에 해당한다고 가정하는데, 이는 뇌에서 실제로 일어나는 일을 제대로 설명하지 못한다. 실제 뇌에는 의식을 생성하는 데 관련이 있을 수 있는 다른 매개 변수가 많다. 신경세포 하나 안에서도 수많은 과정이 일어난다. 물 분자가 돌아다니고, 단백질이 서로 충돌하고, 전자기장이 전체 공간에 스며들고, 유전자가 기록되고 수정된다. 이런 불협 활동 속에서는 어떤 특정 변수의 집합이 의식 생성에 관여하는지 알 수 없다. 어쩌면 일부를 시뮬레이션하는

* 시냅스가 전달하는 정보의 강도.

게 아니라 모든 매개 변수가 다 있어야 할 수도 있다.

뇌에서 특정 시간에 필요한 정보를 모두 성공적으로 포착할 수 있다고 해도(그 가능성도 의심스럽지만), 거기서부터 일어나는 변화를 어떻게 시뮬레이션할 것인가가 문제다. 초기 상태의 아주 작은 차이도 시간이 지나면 시스템 차원의 대단한 차이로 이어진다. 나비 효과의 또 다른 예라고 할 수 있다. 시뮬레이션은 사실상 모두 근사치에 불과하다. 시뮬레이션이 날씨와 관련한 것이라면 일기예보에서 보듯이 근사치를 제시해야 실용적이다. 내일 날씨가 어떨지 대충이라도 알면 아예 모르는 것보다는 낫다. 하지만 한 사람의 의식을 두고 근사치를 내는 건 말이 안 된다. 시뮬레이션한 의식 상태가 실제 의식 상태와 다르다면 도대체 무슨 의미가 있겠는가? 실제의 의식과 시뮬레이션으로 만든 의식 중 어느 의식이 진짜겠는가?

마지막으로, 시뮬레이션으로 만든 뇌가 외부 세계와 교류할 때 일어나는 문제가 있다. 한 사람의 뇌에 관한 모든 정보를 성공적으로 꺼낼 수 있고, 어느 정도 정확한 시뮬레이션을 실행하는 데 성공한다고 해도(그래도 항상 근사치에 불과하다) 그 뇌가 교류하는 바깥세상은 어떻게 될까? 뇌 기능에 관한 한 인간은 누구도 섬이 아니며 스스로 완전하지 않다. 뇌는 열린 시스템이고, 제대로 기능하기 위해서는 바깥세상과 교류해야 한다. 마인드 업로딩은 외부 세계도 시뮬레이션한다는 의미일까? 일부 환경만 시뮬레이션한다고 해도 시간이 흐를수록 상호작용의 범위는 넓어질 것이다. 그리고 그 범위는 빛의 속도로 확장될 것이다. 이론적으로 10년 동안 뇌에 미치는 환경의 영향을 시뮬레이션하려면 반경 10광년의 세계를 시뮬레이션해야 한다. 그런 시뮬레이션이 과연 가능하기는 할까? 그럴 가치가 있을까? 마인드 업로딩의 전제를 생각하면 생각할수록 말이 안 된다. 인류 역사상 가장 터무니없는 개념이 될 것이다.

MIT와 스타트업 사이의 대대적인 실패를 비롯한 마인드 업로딩을 둘러싼 소란은 우리 시대의 더 큰 질병을 반영하는 모습처럼 보인다. 너무 많은 사람이 시뮬레이션과 현실을 동일시한다. 알다시피 스토아철학은 우주의 진정한 본질과 발을 맞추는 것이다. 스토아주의자는 현실을 진지하게 받아들인다. 반면 시뮬레이션은 실제 현실과 아무 상관이 없다. 믿게 만드는 기술일 뿐이다.

문제는 시뮬레이션이라는 개념 자체가 아니다. 결과를 더 잘 예측할 수 있도록 무언가를 시뮬레이션하는 일에는 매우 실질적인 의미가 있다. 예를 들어 현재의 이산화탄소량을 바탕으로 앞으로 일어날 지구온난화 추세를 시뮬레이션하면 미래에 대한 중요한 정보를 얻을 수 있다. 교통 통제에서 세계 경제까지 현대 인류의 삶은 대규모 시뮬레이션 없이는 기능할 수 없기에, 전반적인 시뮬레이션 과학에 찬사를 보내야 한다.

그러나 시뮬레이션은 실제가 아니다. 시뮬레이션은 예측을 위해 실용적으로 활용할 수 있는 가짜다. 가짜를 진짜로 받아들이는 것, 특히 우리 존재의 가장 본질적인 요소인 의식과 관련한 가짜를 진짜로 받아들이는 것은 인간 정신의 끔찍한 착각 중 하나다.

시뮬레이션 열풍의 가장 터무니없는 결말은 우리가 사는 이 세계 전체, 아니 전 우주가 시뮬레이션이라는 개념이다. 스웨덴 철학자 닉 보스트롬Nick Bostrom을 비롯한 일부 학자들은 우리가 시뮬레이션 속에서 살고 있을 가능성이 높다고 주장한다. 이 '시뮬레이션 가설'은 우리 시대의 가장 취약하고 허술한 지적 전제 중 하나로, 사람들이 소크라테스가 보여준 건전한 회의주의적 사고방식에서 얼마나 멀리 벗어났는지 보여준다.

시뮬레이션 가설의 오류는 시뮬레이션의 실제 의미라는 기반 자체에 존재한다. 마인드 업로딩과 시뮬레이션 가설을 주장하는 사람들은 정보가 무엇이고, 정보의 표상이 무엇을 수반하며, 그 표상을 물리적으로 구현하는 행위가 어떤 의미인지에 대해 본질적인 가정을 하고 있다. 예를 들어, 디지털 컴퓨터로 전 세계 날씨를 시뮬레이션하는 건 단지 실리콘 칩 위에 나타난 표상을 본다는 것이다. 우리는 그 표상의 역학을 해석해 날씨를 예측할 수 있다. 절대 그 이상을 의미하지 않는다. 실리콘 칩을 통해 나타난 시뮬레이션에 진짜 날씨라고 부를 만한 게 있다고 생각한다면 스토아철학자가 진지하게 받아들이기에는 너무 순진한 인지 실패다. 소크라테스라면 그런 상황을 매우 역설적인 농담으로 받아들였을 것이다.

마지막으로, 시뮬레이션에 대해 순진한 관점을 취하는 일부는 죽은 사람을 디지털로 영구 보존해 가까운 친구나 가족과 계속 교류할 수 있게 하는 계획을 논의하고 있다. 이 책의 주장을 잘 따라온 사람이라면 (바라건대) 그런 논리의 결함을 즉시 발견하게 될 것이다. 슬프게도 이 계획은 생명에 대한 얄팍한 술수이자 모독이다.

그런 시도 이면에 숨은 동기는 이해한다. 누구나 사랑하는 사람이 세상을 떠나면 그리워한다. 죽은 사람과 계속 교류하고 싶어 하는 사람들이 있다는 사실은 어느 정도 이해할 수 있지만, 살아 있는 사람만의 생생한 인상, 독특한 행동 방식, 끝없이 변하는 소통을 의미 있는 방식으로 재현하고 보존할 방법을 상상하기는 어렵다. 디지털 영생이라는 개념은 우리 시대의 가장 헛된 환상이며, 만일 실제로 고인의 생명을 보존하는 데 적용한다면 더욱 비통한 환상이 될 것이다.

황제, 노예, 평범한 시민, 과학자, 기술자, 사무라이

등 인간이라면 누구도 죽음을 피할 수 없다. 이 사실을 직시한다면 우리는 스토아철학자의 삶을 살 수 있다. 하지만 죽음에 대한 두려움으로 마음이 흐려진다면, 이 장에서 논의한 것과 비슷한 망상에 빠지게 된다. 이런 착각을 믿으면 순간적인 만족감은 얻을 수 있을지 모른다. 그러나 헛된 안도감은 현실이라는 타오르는 태양 아래 흩뿌려진 물처럼 조만간 증발할 것이다.

스토아철학의 관점에서 보면, 현실과 정렬하는 것만이 유일한 삶의 방식이다.

삶은 시뮬레이션이 아니다.

우주는 시뮬레이션이 아니다.

우리가 사는 곳은 시뮬레이션이 아니다.

그뿐이다.

16장

우리는 가능한 모든 삶 중 가장 좋은 삶을 살고 있다

스토아철학은 현실과 발맞춰 사는 방식이다. 탈출은 없다. 그렇다고 해서 인간이라는 존재에게 꿈과 환상이 설 자리가 없다는 뜻은 아니다. 어른들은 희망 사항이라며 웃을지 몰라도 이 현실을 넘어 상상하는 행위에는 진정으로 인간적인 면이 있다.

대학을 막 졸업하고 일본의 지방 도시 한 곳을 여행한 후 돌아오는 아침이었다. 도쿄 하네다 공항에 도착해서 아침 식사를 하기 위해 어떤 카레 식당에 들렀다.

12월 말이어서 크리스마스 장식과 조명이 반짝이고 있었다. 외국에서 온 문화적 요소에 다소 느긋하고 개방적인 태도를 보이는 일본에서는 전체 인구 중 스스로 기독교인이라고 하는 사람이 약 1퍼센트밖에 안 되지만 크리스마스는 성대하게 축하한다.

근처 테이블에 다섯 살쯤 된 여자아이와 세 살쯤 된 동생이 있는 가족이 있었다. 나는 카레를 먹으면서 아이들의 대화를 엿들었다.

"산타클로스는 어떻게 생겼을까?" 다섯 살 아이가 동생에게 이렇게 묻더니 대답을 기다리지도 않고(아마도 대답을 기대하지 않았을 수도 있다) 계속 말을 이었다. "내 생각에 산타클로스는 어떻게 생겼냐면…."

그때 나는 너무 충격을 받았다. 너무 감동한 나머지 더 이상 아이들의 대화가 들리지 않았다. 머릿속이 온통 생각으로 가득 찼다.

산타클로스 같은 가상의 인물을 그려보는 아이들에게는 진실한 무언가가 있다. 뚱뚱한 배, 하얀 수염, 빨간 의상, 유쾌한 웃음 등 산타 할아버지를 묘사하는 익숙한 특징이 있지만 아이들은 기존의 이미지를 넘어 자유롭게 산타클로스를 상상하는 듯하다. 아이들의 환상에는 거친 자유로움이 있는데, 아마도 그것은 창의성의 기원과 깊은 연관이 있을 것이다. 아이들은 내면 깊은 곳의 욕망을 산타클로스라는 인물에 투영한다.

앞서 논의했듯이 아이들에게는 발달을 위한 안전 기지가 필요하다. 물론 모든 아이가 처음부터 사랑을 듬뿍 베푸는 부모 혹은 다른 양육자의 보살핌을 받고 다른 선물도 많이 받으면서 크리스마스 선물까지 받는다면 좋을 것이다. 하지만 모든 아이가 그런 행운을 누리지는 못한다. 어떤 아이들은 사랑을 베풀어 주거나 크리스마스 선물을 줄 사람이 없을 수도 있다. 산타클로스라는 환상은 그런 아이들에게 큰 도움이 될 것이다. 당연히 상상만으로 받는 도움에는 한계가 있다. 하지만 어린 시절을 보낸 사람이라면 누구나(그러니까 우리 모두) 알 수 있듯이 아이들은 상상력을 통해 성장한다. 현실 세계에는 안전 기지가 없어도, 산타클로스라는 상상 속 인물이 그 아이들에게 안전 기지가 되어줄 수 있다. 그리고 사랑을 베푸는 부모를 둔 아이라고 해도 산타클로스를 상상하며 안전 기지를 더욱 단단하게 다져 궂은 날을 대비할 수 있다.

　성장하면서 어느 시점에 이르면 우리 모두 환상에서 벗어나고, 산타클로스도 떠나간다. 어떤 면에서는 성인도 여전히 환상을 간직하며 때로는 아주 세련된 방식으로 환상을 유지하기도 한다. 하지만 산타클로스를 더 이상 믿지 않는 것은, 적어도 서구 문화권에서는 대개 유년기가 끝나고 성장했다는 신호로 여겨진다. 그래서 일본의 연출가이자 영화감독이면서 배우인 니나가와 유키오蜷川幸雄가 딸의 산타클로스 환상을 유지하려고 얼마나 노력했는지를 듣고 무척 놀랐다. 나는 니나가와 유키오의 딸이자 자신 역시 사진작가이자 감독으로 유명한 니나가와 미카蜷川実花와 텔레비전 프로그램에서 대담을 나눈 적이 있다. 아버지의 이야기가 나오자 그녀는 아버지가 해마다 산타클로스가 등장하는 대본과 배경을 새로 만들고, 자신에게도 다양한 지시를 내려서 늘 예상을 뛰어넘는 놀라움을 선사했다고 했다. 놀랍게도 니나가와는 딸이 십 대가 될 때까지 산타클로스를 믿게 만드는 데 성공했다. 세계적인 연출가의 천재성과 아버지의 사랑이 섞인 훌륭한 이야기다.

하지만 이 이야기가 사실과 현실에 기반을 두는 것을 자랑스럽게 여기는 스토아철학적 삶과 어울린다고 할 수 있을까? 소크라테스, 에픽테토스, 세네카, 마르쿠스 아우렐리우스 등 스토아철학자들은 세상을 있는 그대로 받아들여야 한다고 거듭 이야기했다. 우리는 주변 사람들을 있는 그대로 인정해야 한다. 우리 자신을 포함해 누구도 완벽하지 않다는 사실을 받아들여야 한다. 물론 사랑하는 딸이 산타클로스를 계속 믿을 수 있게 특별한 노력을 기울인 니나가와 유키오 같은 사람도 있지만, 우리는 산타클로스가 존재하지 않는다는 사실을 알아도 현실 세계에 몰두해 계속 살아간다. 어쩌면 산타클로스와 같은 환상이 우리의 내면을 깊이 울리는 이유는 이런 환상이 현실을 좀 더 견딜 만하게 만들어주기 때문이 아닐까?

미국의 팝 듀오 카펜터스의 캐런 카펜터스는 "나

는 불완전한 세상에 완전함을 요구한다I ask perfection of a quite imperfect world"라고 노래했다. 누군들 그러지 않겠는가? 완벽한 세상이 무엇인지 아는 감각, 그리고 사실 '이 세상'이 불완전하다는 감각은 우리가 어린 시절부터 가지는 아주 강력한 직관 중 하나다. 완벽한 세상에 대한 개념은 많은 문화권에 존재한다. 기독교 전통에는 아담과 이브가 추방당한 에덴동산이 있다. 동아시아 전통에는 사람들이 완벽한 조화를 이루며 사는 목가적인 낙원을 말하는 무릉도원이라는 개념이 있다. 중국의 역사에는 전설적인 통치자 요堯, 순舜, 우禹가 다스린 이상적인 시기도 있었다. 현실 세계에서 이상적인 상황을 추구하는 건 인간뿐이다. 그러나 역사적 교훈이 전해주듯 현실에서 유토피아를 추구하면 보통 슬픈 결말로 끝난다. 산타클로스가 존재한다면 완벽하겠지만, 존재하지 않는다는 사실이 피할 수 없는 불완전한 현실이다.

4장과 5장에서 논의했듯이 앞이마엽겉질에는 자신과 타인의 한계를 받아들이는 강력한 기능이 있다. 편도체를 비롯한 우리의 신경회로는 감정을 받아들이기 위해 여러 부정적인 느낌에 적절한 맥락을 부여한다. 이때 재평가 과정을 통해 있는 그대로 받아들이기 어려운 사람 및 사물과 조화를 이룰 수도 있다. 이것은 스토아철학의 핵심 원리이기도 하다.

그러나 감정을 받아들이는 것에 더해 세상에 대한 인지적 재평가도 필요하다. 사실 우리의 불완전한 현실을 여느 스토아철학자가 그러듯 논리적으로 일관성 있게 생각한다면, 다소 반직관적이고 놀라운 결론으로 이어질 것이다. 상황의 결점과 한계를 보는 게 아니라, 사실은 우리가 가능한 모든 세계 중에 가장 좋은 세계에 살고 있다는 것을 알게 될 수도 있다. 이 말이 처음에는 이상한 생각처럼 들릴 수 있지만, 일단 생각해 보면 그 뒤에 숨은 스토아철학의 심오한 지혜와 비전이 보일 것이다. 스토아철학에서는 우리가 어떤 나라에 태어났든, 어떤 환경에서 살아가든, 가능한 모든 세계 중 가장 좋은 세계에서 살고 있다고 믿는다.

철학적 낙관주의philosophical optimism라고도 하는 이 견해는 근대의 고트프리트 빌헬름 라이프니츠Gottfried

Wilhelm Leibniz가 처음 정립했다. 라이프니츠는 수학, 과학, 철학에 조예가 깊었고 외교에도 적극적이었던 재주 많은 인물이다. 무엇보다도 아이작 뉴턴과 거의 동시에 독자적으로 미적분학을 발명했다(라이프니츠가 뉴턴의 아이디어를 훔쳤다고 뉴턴 자신이 의혹을 제기했지만, 현대 학자들은 대체로 라이프니츠가 독자적으로 미적분학을 발명했다는 데 동의한다).

철학적 낙관주의는 당시에도 비판을 받았는데, 특히 볼테르는 1775년 포르투갈을 강타해 리스본에서만 6만 명의 목숨을 앗아간 리스본 대지진과 쓰나미로 세계관이 크게 흔들리는 경험을 했다. 볼테르에게는 이 몸서리쳐지는 경험이 라이프니츠를 비판하는 동기가 됐다. 그는 풍자소설《캉디드Candide》에서 이 세상은 가능한 모든 세계 중 가장 좋은 세계라는 낙관적 견해를 옹호하는 팡글로스를 등장시켜 라이프니츠의 철학을 조롱했다. 당연히《캉디드》는 이 희극적 인물의 신념이 완전히 무너지면서 끝난다.

파괴적인 지진과 쓰나미가 발생하는 일본에 사는

사람으로서 나는 볼테르의 생각에 공감한다. 끔찍한 자연재해가 일어나 무고한 사람들이 수없이 목숨을 빼앗기는 세계가 어떻게 가능한 모든 세계 중 가장 좋은 세계라고 말할 수 있겠는가?

현실을 바라보면 이 세계는 자연재해뿐 아니라 온갖 사회적 불의로 가득하다. 불공정한 정치 체제의 억압으로 고통받는 사람이나 차별에 희생된 사람에게 '걱정하지 마. 넌 가능한 모든 세계 중 가장 좋은 세계에 살고 있어'라고 말할 수 있겠는가? 우리는 언제나 삶의 조건을 개선하기 위해 노력해야 한다.

하지만 라이프니츠의 철학적 낙관주의는 사물의 논리적·체계적 연관성과 관련이 있다(여기서 스토아철학과도 어떤 관련이 있는지 바로 보일 것이다). 어떤 것들은 인류에게 해롭다고 말할 수 있다. 그러므로 그것들이 사라져서 세계가 더 나아지기를 바랄 수 있다. 에덴동산이라는 환상부터 중국의 이상향인 요순시대까지 우리는 항상 악이나 불행이 없는 세상을 상상해 왔다. 하지만 만물이 서로 어떻게 인과적으로 연결되어 있는지 알면 비록 명백한 악이라도 일부 체계를 제거해야 한다고 단순하게 주장할 수는 없다. 선과 악의 상호 의존성은 너무 복잡하다.

암을 예로 들어보자. 세계보건기구(WHO)에 따르면 암은 세계에서 두 번째로 큰 사망 원인이며, 사망자 6명 중 1명이 암으로 사망한다. 암 없는 세상을 바라는 것은 자연스러운 일이다. 언젠가 영국의 코미디언 스티븐 프라이Stephen Fry가 탄식했듯, 암으로 고통받는 아이들이 있는데 어떻게 신이 존재할 수 있겠는가? 그는 선의를 지닌 신의 작품으로는 볼 수 없는 세상의 불완전함을 근거로 무신론을 주장했다. 프라이의 말처럼 암이 존재하는 세계는 모든 가능한 세계 중 가장 좋은 세계가 될 수 없다.

하지만 인과관계를 곰곰이 생각해 보면 상황이 좀 더 복잡해진다. 암을 유발하는 세포의 생리나 분자 역학은 정상적인 신체 기능을 뒷받침하는 메커니즘과 동일하다. 사실 암을 발생시키는 세포의 생리가 없다면 우리도 살 수 없다. 이렇듯 암을 일으키는 메커니즘이 세포 기능에 깊이 뿌리박혀 있기 때문에 암을 극복하기가 어려운 것이다.

지진도 마찬가지다. 앞서 언급했듯이 반복되는 지진과 쓰나미로 심각한 피해를 당하는 일본에 사는 나는 지진의 파괴력을 너무나 잘 알고 있다. 하지만 단순하게 지진이 없다면 좋을 거라고 말할 수는 없다. 때때로 지진을 일으키기도 하는 지구물리학 과정은 대륙의 형성과 이동을 유발하는 과정과 인과적으로 결합한다. 지진이 없다면 애초에 우리가 살아갈 땅덩어리도 없었을 것이다. 지진의 부작용으로 온천도 생겨났다. 일본인들이 즐기는 온천은 해외에서 오는 방문객들 사이에서 인기를 얻고 있으며, 가끔은 원숭이들도 즐긴다.

라이프니츠가 제시한 철학적 낙관주의는 지진이나 암 등을 우리가 사는 세상의 필수적인 일부로 받아들이라고 조언한다. 살면서 안 좋은 일을 겪으면 우선 그런 일이 일어나지 않기를 자연스레 바라게 된다. 하지만 세상을 있는 그대로 관찰하면 부정적인 사건을 포함한 모든 것이 하나의 구조로 얽혀 있음을 알게 된다. 세상은 전체가 유기적으로 움직이기 때문에 좋은 부분만 골라 낼 수 없다. 그러므로 '모든 가능한 세계 가운데 가장 좋은 세계'라는 말에서 '가장 좋다'라는 수식어가 반드시 인간의 행복을 위한 가치 체계에 따른 최고를 의미하지는 않는다. 모든 것이 연결되어 미묘하고 조화로운 방식으로 작동하며, 쉽게 분리될 수 없는 전반적인 균형이 있다는 의미에서 '가장 좋다'라는 뜻이다.

사회문제에 대해서도 똑같이 말할 수 있다. 사회의 불공정과 불공평을 인식하면 당연히 실망스럽고 문제가 개선되기를 바란다. 그러나 단순히 겉으로 드러난 악을 제거하는 것이 해결책은 아니다. 모든 것이 다양하고도 놀라운 방식으로 연결되어 있기 때문에 사회개혁을 원한다면 인과관계라는 복잡한 연결망을 염두에 두어야 한다. 현재 상황이 가능한 모든 세계 중 가장 좋은 세계라고 말하는 것, 즉 좋든 나쁘든 서로 연결된 현실을 받아들이는 것이 인내심을 가지고 장기적으로 신중하게 발전할 수 있는 가장 좋은 태도이다. 세상이 달라지기를 바라기보다 현실을 받아들이는 편이 변화를 부르는 가장 좋은 선택이기 때문이다.

내가 패배주의적 태도를 옹호하는 것이 아님을 강조해야겠다. 우리는 더 나은 미래를 위해 계속 노력해야 한다. 나는 민주주의가 확대되어 사람들이 더 자유로워지고 억압에서 해방되고 서로의 개성과 독특함을 존중하길 바란다. 여기에는 의심의 여지가 없다.

요점은 만물이 어떻게 연결되어 있는지 명확하게 보는 것이다. 스토아철학의 관점에서 말하자면 만물이 어떻게 정렬하는지 봐야 한다. 만물의 연결을 이해하면 세상을 단순한 흑백논리로 이해할 수 없다는 것을 깨닫는다. 현실은 50가지가 넘는 회색, 아니 더 미묘한 스펙트럼을 이루고 있다.

한 나라가 두 개로 나뉘어 하나는 민주주의 체제가, 다른 하나는 권위주의 정권이 들어섰다고 한다면, 대부분 민주주의 체제에서 살고 싶을 것이다. 정치체제의 차이는 경제성장의 격차로 이어질 수 있다. 밤에 찍은 인공위성 사진을 보면 민주주의 체제인 절반은 불이 환하게 켜져 있고 나머지 절반은 어둠 속에 남아 침체된 경제를 증언한다. 이런 대조는 일반적으로 민주주의 정치 체제가 우월함을 시사한다. 하지만 어두운 반쪽에도 장점이 있을 수 있다. 자연 서식지가 더 많이 남아 있을 것이고 지구온난화에 미치는 악영향도 적을 것이다. 결정적으로 누구든 이런 비민주적인 국가에 살게 된다면 주어진 상황에서 최선을 다해 살아야만 한다. 물론 이 나라에서 끝내 탈출하거나 혁명을 일으키는 등 특별한 행동을 할 수도 있다. 하지만 많은 일화가 시사하듯이 그런 행동은 매우 어렵고 위험하며 아무나 할 수 있는 일도 아니다.

어떤 상황에 놓이더라도 당분간은 그것이 자신에게 주어진 전부이기 때문에 어떻게 해서든 최선을 다해야 한다. 이런 점에서 라이프니츠의 '가능한 세계 중 가장 좋은 세계'라는 주장은 모든 것이 정렬되어 있다는 것을 이해하고, 주도적이고 굴하지 않는 정신을 기르라고 요구한다. 그래서 스토아철학을 이야기하는 이 책에 실린 것이다. 이는 또한 클로드 레비스트로스의 '브리콜라주'와도 중요한 관련이 있다.

이 장에서 내가 펼친 주장의 결론은, 우리는 가능한 모든 사람 중 가장 좋은 사람이며, 가능한 모든 삶 중 가장 좋은 삶을 살고 있다는 것이다. 앞서 살펴보았듯이 이는 영혼을 달래기 위한 감성적인 자장가가 아니다. 모든 것이 서로 연결되어 있고, 개인이든 국가든 고유한 장단점을 지닌다는 사실을 엄격하고 철저하고 논리적으로 분석한 결과다.

우리는 가능한 모든 세상 중 가장 좋은 세상에서 가능한 모든 사람 중 가장 좋은 사람으로 가능한 모든 삶 중 가장 좋은 삶을 살고 있다.

이 장을 읽었으니 이 문장이 그렇게 환상적이거나 특별하게 들리지 않을 것이다. 불완전한 세상에서 완벽함을 요구한다면 분명히 실망할 것이다. 하지만 우리의 세계가 가능한 모든 세계 중 가장 좋은 세계라는 철학적 낙관주의 정신으로 하루를 시작한다면 훌륭한 스토아 철학자처럼 강인하게 살아갈 수 있다.

17장

허무에 맞서 그저 행동하라

이 세상을 살아가는 우리의 삶은 한계가 있다. 하지만 우리는 무한을 인식할 수 있다. 어떤 의미에서 스토아철학은 유한한 우리 인간이 무한한 우주와 정렬하는 원칙이다. 우리 대부분에게 무한은 먼 개념이다. 어린 시절에는 곧잘 무한에 대해 묻곤 한다. 어른들에게 시간의 시작과 끝, 우주의 바깥에 대해 질문하면서 그들을 힘들게 한다. 하지만 자라면서 실용적으로 변해 무한에 관한 질문을 잊어버린다. 하지만 업무상 무한을 마주하는 직업이 하나 있다. 수학자들은 일상적으로 무한을 다루며 다들 무한에 대한 감각이 유별날 정도로 예리하다.

수학자들이 전형적인 인간이라고 말할 수는 없겠지만, 그들이 무한과 마주한 결과는 우리 주변에 널리 퍼져 있다. 줄여서 GPS라고 하는 전역위치확인시스템 Global Positioning System은 이제 모든 사람이 항상 사용하는 필수 도구다. 하지만 아인슈타인이 개발한 일반상대성 이론에 따른 시간 지연time dilation을 고려하지 않으면 위성에서 받은 신호를 분석할 때 GPS로 정확한 위치를 찾을 수 없다. 오늘날 보안 데이터 통신에서 널리 사용되는 리베스트–샤미르–애들먼Rivest-Shamir-Adleman, RSA 암호 체계는 세 명의 컴퓨터 과학·수학 전문가 론 리베스트, 아디 샤미르, 레너드 애들먼이 소인수분해를 바탕으로 설계한 것이다. 영국의 수학자이자 노벨 물리학상 수상자인 로저 펜로즈가 제안한 수학적 타일 구성인 펜로즈 타일링penrose tiling은 비非주기적 방식으로 무한한 평면을 덮으면서 5회 회전 대칭성을 보이는데, 이는 자연에서 준결정quasicrystal*으로 나타난다.

수학자들은 평범한 사람들의 일상과는 정신적으로 거리가 먼 세상에 산다. 그래서 그런지 일부는 이상하게 낙관적인 듯하다. 다카기 데이지高木貞治는 '현대 수학의 아버지'라고도 하는 독일 수학자 다비트 힐베르트David Hilbert와 함께 공부한 저명한 일본 수학자였다. 그의 수 필집에는 1900년 괴팅겐에 있는 힐베르트의 집을 방문해 나눈 대화를 회상하는 장면이 나오는데, 힐베르트는 다카기에게 인간의 진보를 위한 수십억 년이 기다리고 있으니 우리는 위대한 진보를 이룰 수 있다고 거듭 말했다고 한다. 힐베르트가 인류에게 (수학자의 관점에서) 위대한 변화가 '곧' 찾아오리라는 대담한 희망을 품었다는 사실은 무한에 대한 수학자의 감각을 잘 보여준다.

수학과 수학자 그리고 그들이 세상을 대하는 독특한 방식을 생각하면 자유로움과 희망이 느껴진다. 스토아철학의 사명이 존재의 본질을 있는 그대로 인식하고

---

* 원자 배열이 규칙적인 결정과 비규칙적인 비정질의 중간 물질로, 2011년 이 물질을 발견한 단 셰흐트만이 노벨 화학상을 받았다.

인간의 조건을 끝까지 수용하는 것이라면, 수학적 추론은 분명 그 방식을 따르고 있다.

다음 장에서 자세히 논의하겠지만 무한이라는 문제를 해결하지 않으면 우리 영혼이 씨름하는 이성의 초조함이라는 핵심을 다룰 수 없다. 광활한 우주의 압도적인 부조리가 과학적 사실임을 알게 된 지금, 우리는 실존적 긴급함으로 무한을 대면하는 법을 배워야 한다.

이 세상의 현실을 진실하게 마주하면, 우리가 사실 무한에 둘러싸여 있음을 깨달을 것이다. 아리스토텔레스는 두 종류의 무한을 논했다. 하나는 실제 무한이고, 다른 하나는 잠재적 무한이다. 실제 무한은 인간이 다룰 수 없다. 자원이 유한하기에 인간의 능력도 제한되기 때문이다. 인간의 마음은 실제적인 무한을 생각할 수 있지만, 결코 그것을 구현할 수는 없다. 하지만 일상적인 행동을 통해 잠재적 무한을 다룰 수 있다. 실제로 스토아 철학적 관점에서 볼 때, 철학과 실용이라는 양쪽 측면에서 우리 삶을 시공간의 원리에 맞춰 정렬하는 삶의 방식을 통해 잠재적 무한을 다루게 된다.

잠재적 무한에 접근하는 방법은 다음 단계에 집중하는 것이다. 수학적 귀납법에서 어떤 명제가 n에 대해 성립하고, n+1에 대해 성립하는 것으로 보인다면 그 명제가 무한한 수의 경우에서도 성립함을 증명할 수 있다. 이것이 수학이 잠재적 무한의 도움을 받아 실제 무한을 다루는 방식이다. 다음 단계에 대한 확신은 결국 무한한 수에 대한 진실한 문장으로 이어진다. 따라서 우리는 잠재적 무한을 통해 실제 무한에 접근할 수 있다. 실제로 인간의 마음에서 잠재적 무한은 실제 무한으로 들어가는 손잡이 역할을 한다.

실용적으로 생각해 보자면 이는 다음 단계가 무엇인지 명확히 알기만 하면 무한에 접근할 수 있다는 의미다. 이런 맥락에 따라 언제든 다음에 할 일이 무엇인지 확실히 알아야 한다. 아침에 일어났을 때 먼저 무엇을 해야 할지 안 뒤 그다음 일을 하고, 그다음에 또 다른 일을 하며 밤을 맞이한다면 잠재적 무한을 손에 넣은 것이다. 이것이 진정 스토아철학적인 삶이다.

잠재적 무한은 다음에 무엇을 할지 선택하는 방식

에 들어 있다. 이 책의 서두에서 오늘날 사람들이 흔히 겪는 선택 과부하 문제를 이야기했다. 그러나 다음 행동을 적절하게 선택할 수만 있다면 선택 과부하의 영향 아래에서도 잠재적 무한에 접근이 가능하다.

스토아철학은 우리의 다음 행동이 타당할 때 실현된다. 우리의 행동이 삶의 목적에 부합하고 주변 환경에 적대적 영향을 주지 않는다면 스토아적으로도 괜찮을 것이다.

3장에서 이야기한 다음 토큰 예측을 기억할 것이다. 입력된 일련의 단어를 바탕으로 다음에 어떤 단어가 올지 예측하는 행위를 말한다. 생성형 AI, 특히 챗GPT와 같은 LLM이 보여주는 놀라운 능력 이면에는 다음 토큰 예측이 있다. 비슷한 맥락에서 우리는 '다음 행동 예측'을 스토아적 생활 방식의 기반으로 삼고 그 안에서 우리 삶에 잠재적 무한을 적용하는 것을 생각해 볼 수 있다. 일련의 과거 행동과 특정 상황의 맥락을 고려한다면 어떤 행동이 뒤따를까? 만약 우리가 매일 다음 행동 예측을 적용해 예측된 행동을 실행한다면, 미하이 칙센트미하이가 묘사한 몰입 상태를 달성할 뿐 아니라 잠재적 무한과 지속적으로 연결될 것이다.

인류 역사가 앞으로 나아갈 때 우리는 무한한 진보를 이어갈 수 있다. 지구온난화, 핵전쟁, AI로 인한 인류의 멸종 가능성을 걱정하는 사람들에게는 거창한 예측처럼 들릴지 모르지만, 스토아철학자(그리고 수학자)는 어려운 상황에서도 낙관적인 태도를 유지할 것이다.

수학자가 아니거나(대부분 수학자가 아닐 것이다), 수학이 적성에 맞지 않는다고 해도 걱정할 필요 없다. 수학에 관심이 없는 사람들에게도 적용된다는 것이 수학의 아름다움이다. 일하고 커피 마시고 산책하고 음악 듣고 사람들을 만나고 하늘을 올려다보면서 살아가는 동안에도 잠재적 무한은 언제나 우리와 함께한다. 무한에 대해 생각할 필요도 없다. 길모퉁이에서 나오는 고양이처럼 무한은 그저 거기에 있다.

무한을 마주하기 위해서는 다음 행동을 선택하는 것이 가장 중요하다. 다음 단계로 넘어가라. 그것이 우리 인생의 잠재적 무한을 이룰 것이다.

18장

'좋아요' 없는 삶이야말로 신비롭고 아름답다

알다시피 스토아학파는 키티온의 제논이 시작했지만, 설립자의 이름으로 알려지지 않고 고대 아테네에서 제논이 가르침을 펼치던 스토아, 즉 채색된 주랑에서 유래했다. 어떤 사람들은 이것이 개인숭배를 피하기 위해서였다고 말한다. 위험 가능성에서 거리를 두는 이 같은 사고방식은 오늘날에도 배울 만한 점이다.

세계 역사를 돌아보면, 이처럼 개인숭배를 거부하는 행위가 예외적으로 보인다. 역사를 통틀어 어디를 보더라도 우리는 개인을 숭배했고, 그런 경향에 거리낌이 거의 없었다.

소셜미디어에서 '팔로워', '좋아요', '조회수' 등을 끌어모으는 데 열광하는 오늘날의 풍토를 생각하면 개인숭배는 예외가 아니라 표준이다. 관심경제attention economy에서 '좋아요'와 '조회수'는 진짜 돈으로 바뀌는 진정한 비즈니스다. 일부 사람들, 특히 명성과 돈을 갈망하는 사람들이 이런 소셜미디어 지표에 집착하는 것은 놀랄 일이 아니다.

따라서 오늘날 진지하게 스토아철학을 이해하고 창조하려는 사람이라면 관심경제에서 거리를 두어야 한다. 물론 진실하고 마음에 와닿는 일을 하고 있다면, 약간의 관심을 끌어도 좋을 것이다. 하지만 애당초 자신이 어떤 일을 하는지 잊어버린 채 관심을 위한 관심을 구하는 일은 헛된 행위다(11장에서 이야기한 굿하트의 법칙을 기억하라. 측정 기준이 목표가 되면 더 이상 좋은 기준이 아니라는 이 법칙은 관심경제에 영향받는 모든 사람에게 중요한 경고를 보낸다). 사람들의 관심을 구하는 삶은 스토아철학자의 방식이 아니다. 사실 사상을 전파하는 일에 대한 스토아학파의 태도는 이를 매우 순수하게 증명한다.

마르쿠스 아우렐리우스는 자신의 글을 공개하려 하지 않았다. 사망할 때도 원고를 없애달라고 했을 정도였다. 오늘날 우리가 이 위대한 황제의 사색을 공유할 수 있는 것은 그의 글을 보존하기로 한 사람들 덕이다. 우리 후손들은 이 반란자들에게 감사해야 한다. 또 다른 위대한 스토아철학자인 에픽테토스가 직접 글을 쓰지 않았다는 사실도 흥미롭다.《담화록》과《엥케이리디온》(에픽테토스의 지침서)은 그의 제자 아리아노스가 스승의 가르침을 담은 책이다.

이 철학자들의 선조 격인 소크라테스에 대해 얘기하면 더 정확하고 흥미로울 것이다. 이 유명한 철학자는 생각을 글로 표현하는 일을 삼갔다고 하는데, 그런 생각에 맞게 소크라테스가 직접 쓴 글은 남아 있지 않다. 대신 플라톤이 그의 가르침과 철학을 글로 남겼다.

소크라테스는 처음부터 글로 쓰인 텍스트의 한계를 인식했다고 할 수 있다. 소크라테스식 문답법은 지혜가 특정 개인에게서 나오지 않는다는 가정에 기반을 둔다. 소크라테스는 일방적으로 강의하기보다 타인을 대화에 참여시킴으로써 깨우쳐 주려 했고, 대화를 통해 자신도 제자들에게 배우는 양방향 학습을 했다. 소크라테스는 다른 사람들을 일깨움으로써 깨달음을 얻었다.

소크라테스가 늘 사람들과 대화하면서 그들에게서 배우려 하고, 자신과 타인의 한계를 인식하면서도 세계를 더 잘 이해하려고 노력한 방식은 매우 민주적이고 감동적이다. 이것이 타인을 향한 스토아철학적 태도라면, 오늘날 세계에는 이런 태도가 분명 더 필요하다.

하버드대학교의 마이클 샌델Michael Sandel은 유명한 강의 '정의란 무엇인가Justice'의 한 수업을 마치면서 학생들 사이에 이성의 초조함을 불러일으키는 게 강의의 목적이라고 말했다. 우리는 어떤 것이 참이라고 가정하면 아무 생각 없이 그 가정에 안주하는 경향이 있다. 이는 위험한 습관일 수 있다. 특히 AI가 부상한 이후 과거에 비해 생각을 덜 하는 경향이 널리 퍼진 지금은 더 그렇다. 우리는 특정한 사실을 어떻게 받아들이고 해석할지 알 수 없어 초조할 때 지적으로 성장하기 시작한다. 소크라테스가 대화를 통해 얻으려고 했던 것이 바로 이런 이성의 초조함이었다.

우리의 시간은 개인숭배로 가득 차 있다. 그러면서 그 감탄의 기반에 대해서는 거의 의문을 품지 않는다. 정치에서는 민주주의 체제에 살든 권위주의 체제에 살든 특정 정치인을 지지하고 존경하고 그와 동일시하는 행동이 일반적으로 용인된다. AI 시스템의 출현과 이 세상이 매우 복잡하다는 깨달음에도 불구하고 사람들은 정치인의 카리스마를 이야기하는 것이 시대착오적이라고 생각하지 않는다. 대중문화에서는 매력이 특정 인물에서 나온다는 전형적이고 기본적인 가정을 하고 있다. 음악에서는 존 레넌, 보노, 밥 딜런, 빌리 아일리시, 테일러 스위프트와 같은 예술가를 너무도 존경하여 이들을 중심으로 개인숭배 문화를 만든다. 이들은 분명 대단히 재능 있는 사람들이지만, 우리는 어쩌면 이들 사이에 무엇이 있는지는 보지 않은 채 음악적 가능성이라는 전체 우주를 놓치고 있을지도 모른다. 몇몇 개인에게 지나치게 초점을 맞춘다는 것은 다른 많은 사람의 재능을 간과하거나 소수에게 지나친 권위를 부여함으로써 그들이 생산하는 작품의 품질에 의문을 품지 않는다는 뜻일 수도 있다.

개인을 중심에 두는 가치 체계의 우세를 이해할 수는 있다. 결국 우리는 인간이기 때문이다. 매력적이고 존경할 만한 사람을 찾아 영감을 주는 존재로 추켜세우는 것은 인간의 본성이다. 그러나 유연성과 이성의 초조함을 잃지 않으려면 어떤 고정된 특정 가치 체계를 무턱대고 믿어서는 안 된다. 개인숭배뿐 아니라 이념 숭배, 돈 숭배, 명예 숭배, 통계 숭배(나중에 더 자세히 다룰 것이다)를 조심해야 하고 심지어 과학적 노력의 기초가 되지만 인류라는 전체 그림을 놓칠 위험을 내포하는 방정식 숭배도 주의해야 한다. 좀 더 실용적으로 말하자면 돈, 사회적 지위, 명성, 좋아요, 조회수 등 사회에서 일반적으로 받아들여지는 목표를 추구하다가 잘못된 방향으로 이끌리지 않도록 주의해야 한다. 이런 대리 목표를 추구하다가 우리 존재에 필요한 가치, 즉 우리가 살아 있음을 뜻하는 표현과 다르지 않은 이성의 초조함을 잃게 된다. 그리고 살아 있는 사람은 늘 변화하는 여정을 걸어간다. 변화하는 능력을 잃는 것만큼 끔찍한 일은 없다.

또한 우리는 위대한 변화의 시대를 살고 있다. 챗GPT 같은 생성형 AI의 출현은 AI 세계에서 중요한 것은 개인의 본성이 아니라 많은 사람의 집단적 속성이라는 점에서 인간 중심적 세계관에 타격을 주었다. 예를 들어, 챗GPT 같은 생성형 AI 시스템은 개인들이 쓴 텍스트를 개별적으로 처리하지 않고(이런 방식은 당연히 개인숭배로 이어질 수 있다) 다수의 텍스트에서 통계적 중용을 계산한다. 이에 따른 결과가 놀랍고 실용적이라는 사실은 부정할 수 없지만, 빅데이터에 기반을 둔 AI 시스템은 통계적 추론을 진실과 동일시하기 때문에 그 결과물의 타당성에 의문을 제기하지 않는다면 통계 숭배로 이어지기 쉽다. 이 때문에 탁월한 기능에도 불구하고 AI의 출현을 단순히 진보라고 볼 수만은 없다. AI는 숭배의 대상을 대체하는 것일 뿐 삶의 방식에 대한 최종적인 해답이 될 수는 없다.

나는 소크라테스가 감옥에서 《이솝 우화》를 읽었다는 플라톤의 《파이돈》 일화를 좋아한다. 동물의 이야기를 통해 인간과 세상을 풍자하는 《이솝 우화》에는 개인숭배도 없고 심지어 인간숭배도 전혀 없다. 주변 사람들에게서 발견할 수 있는 두드러진 성격 특성을 예리하게 관찰한 데서 나온 인물(동물)들은 유머러스한 반전을 통해 인간의 보편적인 진실을 보여준다. 요즘 같은 생성형 AI 시대의 관점에서 보면 《이솝 우화》는 인간 본성을 통계적으로 강렬하게 묘사한다고 생각할 수 있다. 만약 '인간 본성의 두드러진 결함을 묘사하는 동물 우화를 만들어줘'라는 프롬프트를 챗GPT에 넣으면 《이솝 우화》와 비슷한 줄거리가 나올 것이다(우리 세대와 소크라테스를 잇는 또 다른 길이 될 수 있겠다).

여러 의미에서 스토아철학을 현대에 맞게 수정하는 작업은 소크라테스 정신의 부활 또는 부흥을 의미한다. 그러나 다시 말하지만, 아무리 소크라테스가 위대하다고 해도 이런 작업은 소크라테스 개인을 향한 숭배나 부활이 아니라, 인생을 바라보는 소크라테스적 방식을 되살리는 수준에서 그쳐야 한다.

소크라테스는 분명 잊을 수 없는 사람이었던 것 같다. 그의 제자 플라톤의 위대한 작품 중 하나인《향연》은 소크라테스에 대한 존경과 사랑으로 가득하다. 나도 열다섯 살 때 이 책을 읽은 기억이 난다. 특히 소크라테스가 어느 연회장으로 가는 아테네의 길 한복판에서 철학적인 문제에 대해 생각하기 시작하다 어디로 가야 하는지 완전히 잊어버린 바람에 누군가가 그를 찾으러 와야 했다는 이야기를 아주 좋아했다. 그러나 여기서 가장 중요한 점은 소크라테스에게는 자신의 말이나 행동을 후세에 남길 의도가 전혀 없었다는 것이다. 그의 관심사는 항상 지금 여기, 그리고 그가 대화하고 있는 사람이었다. 소크라테스는 항상 자신의 무지를 인식하고 있었고, 이성의 초조함을 놓지 않았으며, 같이 있는 사람과 함께 진리를 찾기 위한 여정을 떠날 준비가 되어 있었다.

소크라테스와 똑같은 사람을 아는가? 나는 안다. 많이 안다. 세상에는 소크라테스 같은 사람이 넘친다. 그들은 대체로 이름이 알려지지 않은 평범한 사람들로 일상적인 일을 하며, 타인의 관심을 구하지 않고 호기심과 삶에 대한 사랑으로 가득하다. 그들은 살고, 사랑하고, 죽는다. 아무것도 남기지 않는다. 플라톤과 같은 제자도 없으므로 후세에 알려지지도 않고 완전히 잊힌다. 하지만 좋은 사람들이었으므로 친구와 가족에게 아름다운 기억으로 남는다. 이런 사람들을 알아야 한다. '좋아요', '구독', 조회수를 좇는 소셜미디어 열풍에서 마음을 돌리면 주위에 이런 사람이 많이 보일 것이다.

만약 소크라테스와 같은 사람을 안다면, 우리가 그 사람의 플라톤이 될 수 있다. 부모님이 소크라테스처럼 수줍음 많고 외향적이지 않고 생각을 기록해 사람들에게 읽을 기회를 주려는 생각이 전혀 없다고 해도 우리는 그들이 어떤 사람들인지 기억할 수 있을 것이다. 플라톤처럼 부모님에 대한 글을 써서 자녀, 손주, 친구들에게 보여줘도 좋다. 그렇게까지는 하지 않더라도 부모님이 살아 있는 동안에나 부모님이 떠난 후에 부모님 이야기를 많이 들려줘도 좋을 것이다.

누군가의 플라톤이 되어 그 사람의 장점과 성격을

관찰하면 좋은 소식을 퍼뜨려 세상을 더 나은 곳으로 만들 수 있다. 이렇게 생각하다 보면 삶을 진정 풍요롭고 가치 있게 만드는 보물이 아주 많이 숨겨져 있다는 사실을 깨달을 것이다.

대리 목표나 개인숭배에 흐려지지 않은 눈으로 세상을 보는 법을 배운다면 모두가 소크라테스와 같아진다. 모든 사람이 익명으로 빛나는 소크라테스다. 그래서 모든 길은 소크라테스로 통한다.

19장

우리는 우주라는 더 큰 질서와 연결되어 있다

이 책 전반에 걸쳐 살펴보았듯이 겸손은 스토아철학의 대표적인 특징이다. 인간은 과학기술 분야에서 진보하면서 어떤 의미에서는 전체적으로 큰 성공을 이루었다. 물질적으로 봐도 마치 고대의 왕, 왕비, 황제, 황녀처럼 살고 있다. 따라서 이런 성공에 취하지 않도록 스토아철학이 우리 영혼 속에 살아 있게 해야 한다. 어떻게 그럴 수 있을까? 여기서 중요한 통찰은 우리가 우주와 정렬할 때 인간의 겸손이 더 깊어지고 견고해지고 정신적 행복에 유익할 수 있다는 것이다.

우주와 발을 맞추기 위해 꼭 뉴턴, 아인슈타인, 호킹 혹은 로켓 과학자가 될 필요는 없다. 그저 상식을 활용하면 된다. 마르쿠스 아우렐리우스는 《명상록》에서 영원한 명성을 바라는 일이 얼마나 부질없는지 반복해서 썼다. 아우렐리우스는 자기보다 앞서 살았던 사람들의 이름이 빠르게 잊히는 광경을 관찰한 후 명성이 영원할 수 있다고 믿는 것은 허약한 정신의 오만이며 희망 사항일 뿐이라고 말했다. 우리 시대에 비춰 생각해 보면 윌리엄 셰익스피어William Shakesphere나 알베르트 아인슈타인 같은 위대한 사람들의 명성과 영광도 영원히 지속되지는 않을 것이다. 우리가 사는 우주가 가속 팽창한다는 사실을 고려하면 결국 셰익스피어나 아인슈타인을 기억하거나 기억하지 못하는 사람들뿐만 아니라 아무것도 존재하지 않을 터다. 이러한 깨달음에 마르쿠스 아우렐리우스도 동의할 것이다. 그리고 아우렐리우스는 언젠가 자신을 기억할 사람이 아무도 없다는 사실에 신경 쓰지 않았을 것이다. 앞서 말했듯이 우리가 하는 모든 일은 뜨겁게 타오르던 땅에 저녁 비가 쏟아져 생긴 웅덩이 속 작은 송사리의 노력에 불과하다.

우주에서 인간이 차지하는 위치를 비롯한 스토아학파의 전체 토대는 영원한 내세를 약속하는 종교적 개념이 로마제국을 지배하기 전에 마련되었다는 사실을 기억할 필요가 있다. 아이러니하게도 마르쿠스 아우렐리우스가 저술한 고대 사상 체계는 전반적으로 상당히 현대적이며 현대 과학과 일치하고 특히 물리학이나 우주론과 잘 맞아떨어진다. 이런 의미에서 아우렐리우스는 우리와 동시대인이다(바라건대 독자들이 진정한 스토아 철학자가 되어 로마 황제처럼 생각하고 느끼고 살아가며 우주와 발을 맞추고, 성공 앞에서 겸손하고 어려움이 닥칠 때 굳건히 일어나 희망을 되찾는 것이 이 책의 궁극적인 성취다. 독자들이 스토아철학자처럼 생각하는 것이 이 책의 목표다).

우주와 정렬하려면 감각을 열어야 한다. 오노 요코Ono Yoko가 쓴 멋진 개념 예술서인《자몽》은 스토아적 감각을 일으키는 작품을 많이 담고 있다. 그중 한 작품은 우리의 일상적인 감각을 우주적 존재와 이어준다.

동시에 하늘에 뜬

천 개의 태양을 상상해 보라.

천 개의 태양을 한 시간 동안 빛나게 두어라.

그리고 서서히 녹아

하늘로 사라지게 하라.

참치 샌드위치를 하나 만들어 먹어라.

이렇듯 우주에서 일어나는 일로 감각을 확장하는 동시에 주변 환경을 구체적으로 느끼는 게 스토아철학의 대표적인 특징이다. 신체와 느낌을 통해 행동을 우주와 연결하는 것이다.

여러 문화에서 이런 연결을 볼 수 있다. 바그너의 오페라 〈로엔그린Lohengrin〉에는 법정 판결은 태양이 하늘 높이 떠 있을 때만 내리라고 왕이 선언하는 장면이 있다. 이는 인간의 행동과 위대한 자연의 정렬을 보여주는 아름다운 예시다. 중세 시대에는 이런 감각이 일반적이었던 듯하다. 일본의 전통 연극 노能에서는 우주와 연결된다는 언급이 많이 나오는데, 보통 배우가 마치 우주복을 입고 지구라는 푸른 행성 위를 유영하는 우주인처럼 광활한 세계에서 움직이는 장면으로 표현된다. 《아라비안나이트》에서 마법에 걸린 말이 왕자를 우주로 날려 보내는 이야기는 이슬람 황금기에 인간과 우주를 연결 지은 사람들의 환상적인 상상력을 반영하고 있다. 마지막으로 중국 마왕두이馬王堆에서 발견된 도원道源 백서[*]가 들려주는 우주의 기원은 빅뱅과 중력 특이점에 대한 현대적 개념과 놀라울 정도로 유사하다.

역사적으로 인류는 항상 우주를 영감의 원천, 실존적 위치를 강화하는 수단, 우리를 성찰하고 우리 위치를 확인하는 거울로 여겼다. 어쩌면 역설적으로 우리는 광대한 우주 앞에서 작아지는 느낌을 통해(자기의식은 연약하지만 강력한 존재감을 풍긴다) 자신이 유일무이한 존재임을 확신했을 수 있다. 맑은 날 밤하늘을 올려다본 사람이라면 누구나 익숙한 경험일 것이다.

[*] 1971년 중국 후난성 창사시長沙市 동쪽 교외에서 전한 시기의 무덤 3기가 발견되었는데, 미라와 함께 칠기, 《노자》, 《주역》 등의 백서 등 많은 유물이 들어 있었다.

우리가 아무리 중요하고, 아무리 성공하고, 아무리 부유하고, 아무리 강력한 존재라 해도 우주에 비하면 아무것도 아니다. 자신이 하찮은 존재에 불과하다는 생각은 스토아철학에서 가장 중요한 요소다.

우주는 위대한 평등주의자다. 다만 모든 사람이 똑같이 중요하다고 말하지 않는다. 물론 모두가 똑같이 중요하다는 인식은 정치적으로 올바르며 우리 사회에 큰 도움이 될 수 있을 것이다. 그러나 우주는 모든 사람이 똑같이 '중요하지 않다'라고 말한다. 우주라는 광활한 공간과 시간 앞에서 우리는 모두 하찮은 존재다.

우리는 일상에서 다양한 대리 목표에 집착한 나머지 개인, 이념, 돈, 명성, 최근에는 AI의 진화로 이어진 통계학 등을 추종하다가 길을 잃을 수 있다. 흥미롭게도 AI의 특이점이 도래한다면 사람들은 탁월함이 반드시 개인에게 있지 않고 잘 연결된 개체들의 네트워크 안에 있으며, 우리 각자는 그 안에서 작은 역할을 할 뿐이라는 사실을 인정해야 할 것이다. AI의 아버지 제프리 힌턴이 앞으로 다가올 AI의 놀라운 능력을 묘사할 때 사용한 시 구절을 빌리자면(3장 참고), 우리 각자는 AI를 인류의 나비로 바꾸는 데 필요한 방대한 데이터의 작은 조각에 불과하다.

우리는 강력한 AI 시스템의 등장 앞에서 무력하다고 느낀다. 이런 무력감이 우리 시대의 정신적 비상사태일 수도 있다. 하지만 우리가 우주를 마주할 때 느끼는 두렵고 이상하리만치 희망찬 무無의 느낌에 비하면 AI가 유발하는 이런 위협은 사소하게 느껴진다. 인간의 오랜 존재 방식이 통계 지능이라는 새로운 방식으로 대체될 가능성이 나타나고, 그에 따라 AI의 개발과 배치에 관여하는 인간의 자만심이 드높아지는 이 시기에 스토아철학이 부활하고 있다는 사실은 흥미롭다.

인간적 가치의 부흥이 필요하다. 이는 새로운 AI 시대에 대한 반응이 아니라(이는 너무 얄팍하다) 우주 자체와 정렬하기 위한 것이다. 스토아철학은 이 새로운 르네상스의 중심이 될 것이다. 그리고 이 책은 인류의 새로운 가능성이라는 푸른 바다에 작은 물결을 일으키려는 소박한 시도가 될 것이다.

나는 인간의 영혼에 스토아적 삶의 방식과 깊이 공명하는 특성이 있다고 믿는다. 그 이유가 무엇이고 어떻게 그렇게 되는지는 몰라도 분명 그런 듯하다.

스토아철학은 우리 사회에 새로운 정신적 토대를 제공할 수 있다. 그러나 스토아철학을 21세기의 새로운 종교라고 부르지는 말아야 한다. 이 유서 깊은 철학을 종교의 경쟁자로 만드는 건 적절하지 않다. 스토아철학은 오히려 인간의 정신이 전통적 가치 체계의 제약에서 벗어나 현대 과학과 우주에서의 우리 위치에 함께 서는 토대를 제공할 수 있을 것이다.

2007년 독일 화가 게르하르트 리히터Gerhard Richter는 쾰른대성당 남쪽의 스테인드글라스 창문을 디자인했다. 예배 장소를 설계하는 일은 매우 어렵다. 쾰른대성당의 창문을 위한 리히터의 해결책은 특정한 인물이나 특정한 상징 또는 특별히 정의된 건물이나 장소를 숭배하는 게 아니었다. 대신 그는 흰색 바탕에 짠 단순한 격자 위로 다양한 색이 무작위로 배열되도록 디자인했다. 나는 개인적으로 이 작품에 깊이 감동했다. 이 예술적인 창조물은 각 개체가 다른 개체와의 관계 속에서 어떻게 존재하는지 보여주는 아름다운 진술이다. 그러다가 지구 위 모든 생명체의 어머니인 태양 빛이 비치면 모든 색이 섞여 흰빛이 된다. 이 추상적 표현은 인간의 정신을 우주의 법칙과 정렬하는 새로운 방법을 제안하는 것 같다. 어쩌면 인간의 정신은 이제 막 길을 떠났으며, 그 첫 단계가 스토아철학일 수 있다.

전통적으로 실제 우주는 대우주macrocosm, 인간의 몸은 소우주microcosm라고 했고 두 우주 사이에는 깊은 공명을 일으키는 유사성이 있다고 믿었다.

오늘을 살아가는 우리는 작은 세상 속에서 자신만의 걱정을 안고 있다. 오르막과 내리막, 기쁨과 슬픔, 놀라움과 반복적인 일상에서 가끔 우리의 일이 사소해서 거대한 우주의 일과는 아무 관련이 없다고 느낀다. 우리가 너무 하찮은 것 같고 우주는 우리가 행복한지 불행한지 신경 쓰지 않는 것 같다.

하지만 스토아철학은 우리가 우주의 더 큰 질서와 연결되는 법을 보여주고, 우리의 행복이나 불행이 우리와 우주의 정렬에 어떤 영향을 미치는지 알려준다. 이는 우리가 주관적인 마음의 렌즈를 통해 우주를 보기 때문이다. 따라서 우리가 우주와 통합된다는 생각은 우주적 의식이라는 멋진 개념일 뿐 아니라 상당히 논리적인 연결이기도 하다.

20장

당신은 당신 인생의 철학자가 되어야 한다

자, 우리의 스토아철학 여정이 이제 거의 끝났다.

이 책의 서두에서 나는 지금이 풍요의 시대라고 했다. 하지만 인간이 물질이나 정보 면에서 성취하고 즐길 수 있는 데에는 근본적인 한계가 있다는 점을 덧붙이고 싶다. 우리는 한계를 '알아야' 한다. 지금 우리에게 스토아철학이 필요한 이유가 그것이다.

7장에서 인류에게 불을 가져다준 그리스 신의 이름을 따서 프로메테우스적 마음가짐이라고 부르는 것에 대해 이야기했다. 현재 인류는 지구의 자원으로 무엇을 할지 자유롭게 결정할 수 있다. 화성의 환경을 지구처럼 생명에 적합하도록 바꿔 이주하려는 계획은 프로메테우스적 개념을 지구 너머로 확장하려는 시도다. 그런 사고는 비범하고 유별나긴 해도 오늘날 기술 분야의 억만장자들이 흔히 하는 생각의 틀에서 벗어나지 않는다. 하지만 진실은 기술 분야의 억만장자뿐 아니라 어떤 인간도 생태계를 벗어나지 못한다는 데 있다.

프로메테우스 같은 엔지니어들이 차세대 AI를 만들어내기 위해 대단히 어려운 암호를 해독하는 동안에도 이들의 장 속에서는 수십억 마리의 미생물이 장-뇌 축을 계속 유지하려 열심히 일하고 있다. 인간은 화성으로 이주할 계획을 세우고 있지만 지구 생태계의 상당 부분이 현대판 노아의 방주에 실려 따라가지 않는 한 인류가 화성에서 생존할 가능성은 낮다. 우리가 지구 생태계의 아주 작은 일부분에 불과하다는 사실을 언제나 기억해야 한다. 기술 및 생태계의 발전을 추구하는 프로메테우스적 계획은 이 사실을 망각하는 경향이 있다.

기술 분야의 억만장자들은 스타트업의 생태계에서 조차 자유롭지 않다. 사실 대부분의 스타트업은 실패한다. 하지만 전체적인 경제 시스템은 많은 실패 사례를 흡수해 소화하면서 돌아간다. 어쩌면 이런 실패 사례가 인적 자원과 기술 학습이라는 영양분을 성공하는 기업에 제공하는 걸지도 모른다. 마치 열대우림 생태계에서 태풍에 쓰러진 나무가 보모처럼 어린 식물을 돌보는 터가 되는 것과 같다. 구글, 메타, 애플, 오픈AI 등 크게 성공한 기업들은 어쩌면 쓰러진 기업 수천 곳의 지원과 보살핌을 받는다고 할 수 있다. 한 회사의 성공에만 집중하면 생태계 전체의 중요성을 놓치기 쉽다. 나무 한 그루에 집중하면 숲을 보지 못한다.

성장 대 생태계 사이의 이분법은 전체 인류뿐 아니라 AI와 AI 정렬을 둘러싼 인류의 여정에도 중요한 문제다. 우리는 중대한 갈림길에 서 있다.

이 갈림길은 아슬아슬한 줄타기와 같아서 극도로 조심해야 한다. 핵무기는 여전히 존재한다. 인간은 핵무기를 만들 만큼 똑똑하지만 핵무기를 해체할 만큼 현명하지는 않다. 핵보유국 간의 대립을 분석하는 게임이론은 전멸에 대한 두려움에 기반한 대립의 역학을 상호확증파괴mutually assured destruction, MAD 계획에 대입할 만큼 똑똑하지만, 핵억지력이라는 궁극적으로 불안정하고 지속 불가능한 전제 아래 핵무기를 계속 보유할 만큼 미치지(MAD) 않는 법을 알려줄 정도로 현명하지는 않다. AI는 인간의 많은 문제를 해결하고, 질병을 치료하고, 사회적 비대칭과 제도적 불평등을 끝내는 데 활용할 수 있다. 하지만 어떤 사람들은 AI를 기술 경쟁의 수단으로 삼아 부와 명예를 얻고 취약한 생태계에서 우위를 차지하려고 한다. 첨단 기술 분야의 프로메테우스적 태도에서 보이는 인간의 자만심은 우리의 존재 자체를 희생시킬 수도 있다.

이 책을 마무리하려는 지금, 이 모든 현상이 스토아 철학의 부활과 부흥을 분명히 예견하는 듯하다. 스토아 철학은 단지 시스템만이 아니라 우리가 이 우주에서, 바로 이곳에서 한 개인으로 어떻게 살아야 하는지 이야기한다. 개인 차원을 넘어 인류 전체 종을 위해 필요한 지혜다. 여기서 아주 신중하게 나아가지 않으면 인간 문명의 생존을 보장할 수 없다. 인간의 가치를 되찾고 부활시키려고 노력하는 이 어려운 시기에 스토아철학은 없어서는 안 되는 수단이다.

그렇다면 어느 곳을 향해 가야 할까? 인류의 전체 문명 차원에서는 기술을 신중하게 개발하고 사용해야 한다. 특히 AI 개발에 주의를 기울여야 한다. 인본주의적 가치를 다시 확인하여 되돌려야 하는데, 이때 스토아철학이 중추적인 역할을 할 수 있다. 개인의 삶 차원에서는 어떻게든 시대의 어려움에 대처하고 차근차근 헤쳐 나가면서 각자의 고유한 개성을 존중하는 동시에 나름의 방식으로 행복해져야 한다. 이때도 스토아철학이 중요한 역할을 할 것이다. AI를 포함한 신기술을 개발하는 데 얼마나 성공했든 기술에 대한 자만심에 빠지지 말자. 이 책의 서두에서 언급한 옛 격언을 기억하자. '벼는 익을수록 고개를 숙인다.'

여기서 머리말 끝부분에 언급했던 스토아철학의 열 가지 정의를 다시 떠올려 보자. 스토아철학의 중요성을 살피는 여정을 마친 후 이 정의가 얼마나 다르게 느껴지는지 살펴보자.

1. 스토아철학은 삶의 불확실성을 헤쳐나가면서 자신의 자원과 노력을 효율적으로 활용하는 방식이다.

2. 스토아철학은 어떤 환경에서도 최선을 다하는 방식이다.

3. 스토아철학은 자신의 감정을 재평가해 긍정적이고 적극적인 인생관에 도달하는 과정이다.

4. 스토아철학은 복잡하고 예측할 수 없는 환경에서 자아와 신체와 내면의 힘 사이의 균형과 소통을 추구한다.

5. 스토아철학은 자기 고유의 개성과 특성을 이해하고 받아들이며 자기애를 키우는 과정이다.

6. 스토아철학은 대리 목표에서 벗어나 마음의 진정한 욕망을 좇는 학문이다.

7. 스토아철학은 삶을 내면의 목소리와 세상의 법칙에 정렬하는 것이다.

8. 스토아철학은 세계를 명확하게 보고 자신의 한계를 받아들이면서도 미지의 세계를 향한 호기심을 잃지 않고 궁극적인 가능성을 꿈꾸는 학문이다.

9. 스토아철학은 내면과 우주의 다양성에 감사하고 기념한다.

10. 스토아철학은 어떤 상황에서도 내면의 진실성을 잃지 않고 영혼의 상태를 명확하게 바라본다.

자신의 삶과 인류의 미래를 개선하기 위한 여정을 떠날 때 이 열 가지 정의가 도움이 되길 바란다.

지금 우리 세계에는 소크라테스가 필요하다. 우리 사회에는 자신의 무지와 한계를 인식하고 꼬치꼬치 캐묻는 호기심과 열린 마음을 갖춘 소크라테스 정신이 필요하다. 소크라테스는 스토아철학의 아버지로서 우리의 수호천사이자 동료이자 동반자다.

좋은 소식은 모든 아이가 소크라테스와 비슷하다는 것이다. 실제로 아이들은 모두 똑똑하고 열정적인 눈과 개방적이고 호기심 많은 마음을 지닌 소크라테스다.

더 좋은 소식은 나이와 관계없이 모든 사람의 마음 속에는 아이가 산다는 사실이다. 그래서 이 책을 마무리 하면서 마지막 소원을 말하려 한다.

자신의 고유한 성격과 우주를 정렬하기를
내면의 아이를 계속 살려두기를
스토아철학이 당신과 함께하기를.

AI 시대 어제와 다르게 살고 싶은 당신의 인생철학

철학은 어떻게 인생의 길이 되는가

초판 1쇄 인쇄 2026년 3월 9일
초판 1쇄 발행 2026년 3월 19일

지은이 모기 겐이치로
옮긴이 이초희
펴낸이 김선식

부사장 김은영
책임기획 장종철 **책임편집** 장종철 **디자인** 김효진 **책임마케터** 이현주
콘텐츠사업5팀장 정용준 **콘텐츠사업5팀** 차혜린, 장종철, 박나영, 김효진
마케팅2팀 오서영, 이현주 **홍보2팀** 정세림, 고나연, 이다은
브랜드사업본부장 정명찬
브랜드홍보팀 오수미, 서가을, 박장미, 박주현 **영상홍보팀** 이수인, 염아라, 이지연, 노경은
저작권팀 성민경, 이슬 **편집관리팀** 조세현, 김호주, 백설희
재무관리팀 하미선, 임혜정, 이슬기, 김주영, 오지수
인사관리팀 강미숙, 김재경, 김혜진, 김주림, 황종원
제작관리팀 이소현, 김소영, 유미애, 이지우, 이승협
물류관리팀 김형기, 김선진, 주정훈, 양문현, 채원석, 박재연, 이준희, 최대식

펴낸곳 다산북스 **출판등록** 2005년 12월 23일 제313-2005-00277호
주소 경기도 파주시 회동길 490 다산북스 파주사옥 3층
전화 02-704-1724 **팩스** 02-703-2219 **이메일** dasanbooks@dasanbooks.com
홈페이지 www.dasanbooks.com **블로그** blog.naver.com/dasan_books
용지 스마일몬스터 **인쇄** 민언프린텍 **코팅 및 후가공** 제이오엘앤피 **제본** 국일문화사

ISBN 979-11-306-7531-2 03100

다산북스(DASANBOOKS)는 독자 여러분의 책에 관한 아이디어와 원고 투고를 기쁜 마음으로 기다리고 있습니다.
책 출간을 원하는 아이디어가 있으신 분은 다산북스 홈페이지 '원고투고'란으로 간단한 개요와 취지 연락처 등을
보내주세요. 머뭇거리지 말고 문을 두드리세요.